삶의 핵심을 꿰뚫는 책읽기

포커스 씽킹

삶의 핵심을 꿰뚫는 책읽기
포커스 씽킹

1판 1쇄 인쇄 | 2010년 6월 1일
1판 1쇄 발행 | 2010년 6월 8일

지은이 | 박성후

발행인 | 장상진
발행처 | 경향미디어
등록번호 | 제313-2002-477호
등록일자 | 2002년 1월 31일

서울시 마포구 합정동 196-1 2층 우편번호 121-883
대표전화 1644-5613, 팩시밀리 02-304-5613

ISBN 978-89-90991-07-2 03320

※값은 표지에 있습니다.
※파본은 구입하신 서점에서 바꾸어 드립니다.

Focus Thinking

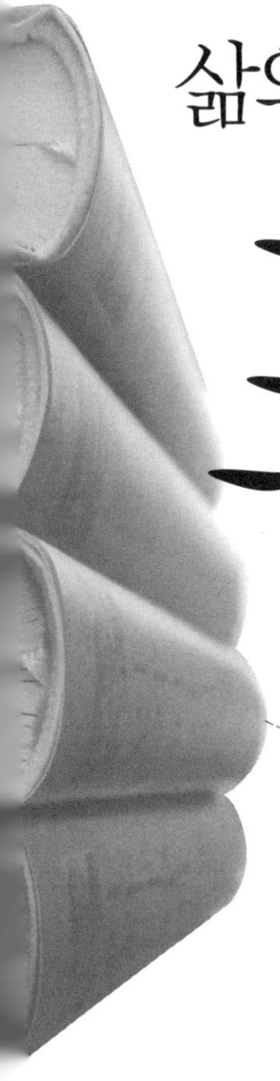

삶의 핵심을 꿰뚫는 책읽기

포커스 씽킹

박성후 지음

경향미디어

왜 Focus Thinking인가?

"성공을 위한 가장 좋은 방법은 '모방'이다.

이런 측면에서 책은 일종의 보물지도인 셈이다.

책은 거의 공짜에 가까운 비용으로

막대한 가치를 제공하고 있다.

책 한 권에 담긴 한 가지 노하우는

한 사람의 인생을 통째로 바꿔놓을 만큼의 위력이 있다."

—앤서니 라빈스의 《무한능력》 중에서

책읽기란 무엇인가? 지금까지 나름대로 많은 책을 읽어왔는데 왜 나의 삶은 근본적으로 변하지 않을까? 책읽기가 정말로 내 삶에 도움이 되긴 하는 것인가? 이런 질문을 오랫동안 해왔다. 해마다 수백 권 이상의 책을 20여 년 가까이 읽으면서도 그에 대한 답을 찾지 못했다. 그래도 여전히 책을 볼 때면 가슴이 설레었다. 짝사랑도 그런 짝사랑이 없었다.

나 스스로 그에 대한 갈증을 해결하지도 못한 채 책읽기 방법을 사람들에게 가르치던 어느 날, 근본적인 문제와 답이 무엇인지 보이기 시작했다. 그리고 책이 무엇인지, 어떻게 선택하고 소통해야 하는지가 알렉산더 대왕의 고르디온 매듭이 풀리듯 한 순간에 정리되었다. 물론 책과의 소통은 평생 해야 할 여정이지만, 어떻게 길을 찾아야 하는지를 알 것 같았다.

이제는 책읽기처럼 인생에 막대한 영향력을 끼치는 것은 없음을 확실하게 이야기할 수 있다. 그러한 확신을 가진 이후부터 지금까지 많은 사람들에게 '포커스 리딩'을 가르쳐왔다. 분에 넘치는 역할이 주어졌음을 스스로 알게 되었다.

이 책은 2년 전에 출간 된 《포커스 리딩》을 업그레이드한 후속작이다. '포커스 씽킹'이란 제목은 오랜 시간 동안 깊은 고민을 한 끝에 나온 것이다. 정확한 Reading을 했을 때 Thinking이 가능하다. Thinking은 Reading의 목적이다. 그리고 Reading과 Thinking은 연결되어야만 한다. 그렇다면 왜 Thinking이 중요할까?

'책읽기'란 단순히 글자를 읽는 것이 아니다. 책은 사람이다. 그러므로 책읽기란 저자와 이야기를 나누는 것이다. 그것도 일방적인 소통이 아니라 쌍방 대화여야 한다. 학습, 정보 습득, 문제 해결, 삶의 변화, 성과 창출 등 목적이 무엇이든 책읽기를 통해 원하는 것을 얻으려면 설교를 듣듯이 일방적인 청취 행위가 되어서는 안 된다. 워렌 버핏을 만나서 투자전략에 대한 대화를 나눈다고 가정해보자. 단순히 듣는 것만으로 만남의 목적을 이룰 수 있을까? 쌍방 소통이 이루어지지 않는다면 만남 자체가 의미 없는 것이다.

책읽기는 우리 두뇌가 할 수 있는 가장 높은 수준의 사고 활동이다. 그러므로 책과 진정한 소통을 하기 위해서는 깊은 생각을 바탕으로 진지한 질문과 대답이 오가는 대화 형식이 되어야 한다. 책읽기는 글자 읽기가 아니라 생각하기다. 무엇을 왜, 어떻게 생각하느냐에 따라 삶의 방향과 질이 달라진다. 이 책에서는 진지한 쌍방적 소통을 위한 구체적인 책읽기 전략을 제시하고 있다.

전략의 핵심은 '질문하기'다. 가장 높은 수준의 소통을 하기 위해서는 질 높은 질문을 해야 한다. 어떤 질문을 어떻게 할 것인지를 생각하는 것, 그것이 바로 책읽기의 목적을 달성하기 위한 핵심요소다. 책읽기는 질문을 생각하는 과정이다. 질문을 해야만 답을 찾을 수 있기 때문이다. 핵심 질문을 던져라. 그러자면 핵심이 무엇인지 생각해야 한다. Focus Thinking은 높은 수준의 책읽기를 위한 전략적 사고를 담고 있다.

한 걸음 더 나아가, Focus Thinking을 통해 책읽기 전략이 결국 삶의 전략과 일맥상통함을 깨닫기 바란다. 삶의 질은 어떤 사람을 만나서 어떤 방식으로 소통을 하고 어떤 성과와 변화를 만드느냐에 따라 달라진다. 책은 사람이다. 그러므로 책읽기 전략은 인생 전략이다. 책읽기 전략 없이 살아가는 것은 스승, 멘토, 친구도 없이 홀로 맨땅에 헤딩하기나 다름없다. 가치 있는 삶을 위한 첫걸음이자 가장 유용한 도구는 책읽기 전략을 배워서 자신의 삶에 적용하는 것이다.

핵심을 생각하라. 가장 소중한 것을 잡아라. 진실과 본질을 덮고 있는 껍데기를 걷어치워라. 쏟아지는 엄청난 정보들 속에서 무엇이 가장 중요한지 포착해내야 한다. 정말 중요한 것이 아니라면 과감히 버려야 한다. 더 빨리, 더 많이 읽어야 한다는 강박관념에서 벗어나야 한다. 속도와 양도 중요하지만 더 중요한 것은 본질이다. 무작정 내달리기 전에 어디를 향해야 하는지, 왜 그곳에 가야 하는지, 그리고 어떻게 가야 핵심에 접근할 수 있는지를 생각해야 한다.

나무 아래에서 입을 벌리고 열매가 떨어지기를 기다리는 식의 책읽기는 참으로 쓸모없다. 헤르만 헤세의 말대로라면 "인생을 좀먹는 시간낭비"일 뿐이다. 책읽기는 양보다 질이 훨씬 더 중요하다. 질문의 질이 책읽기의 질을 결정한다. 그것을 생각하는 것이 Focus Thinking이다. Focus Thinking을 통해 당신의 삶에 혁명적인 변화를 만드는 책읽기가 시작되기를 기대한다.

CONTENTS

2부
포커스 씽킹은 포커스 리딩에서 시작된다

1장 저자와의 사전 만남이 필요하다

2장 두뇌가 보는 속도를 높여라

3장 핵심을 읽어라

4장 통찰력은 질문에서 나온다

5장 변화를 만드는 똑똑한 책읽기

3부
One Page 독서노트

1부

나의 꿈, 나의 책읽기

단 하나의 목적지를 향한 여행을 떠나라 | 내 인생 단 하나의 목표, 업을 정하라 | 내 마음을 여는 열쇠는 무엇인가? | 첫 걸음에서 모든 것이 결정된다 | 진정한 자신의 모습을 발견하라 | 내 인생의 방향을 담은 사명선언문을 작성하라 | 내 인생의 3대 프로젝트, 비전을 설정하라 | 목표와 시스템이 없는 책읽기는 실패한다 | 책은 사람이다 | 선택과 집중이 중요하다 | '나 주식회사'를 설립하라 | 1%의 강점에 집중하라 | 자신의 한계를 넘어서라 | 자신의 현재 위치는 어디인가? | 일과 사명을 일치시켜라 | 삶의 로드맵 설계와 책읽기 | 창의적으로 모방하라 | 똑똑한 모방을 위한 책읽기 | 일관성을 가지고 깊은 우물을 파라 | 20:80법칙을 적용하라

1장
놀라운 삶을 위해 도전하라

자신이 걸어왔던 길이
익숙하기만 했다면 지금까지의 삶은
그저 그런 삶에 안주해온 것이다.
이젠 자신만의 길을
찾아야 할 때가 되었다.
친숙하고 평범한 것에서 떠나라.
여행의 목적지가
둘이 될 수는 없다.
단 하나의 목표를 향해 떠나야 하며,
거기에 자신의 모든 것을 걸어야 한다.
당신의 단 하나의 목표는 무엇인가?
그것은 당신의 모든 것을 걸고
승부를 걸어야 하는 투쟁이어야 하며,
인생의 주제여야 한다.
업을 구체화하는 수단 가운데
우리가 가장 쉽고 확실하게
선택할 수 있는 방법이
바로 책읽기다.

FOCUS THINKING

단 하나의 목적지를 향한 여행을 떠나라

28살의 한 청년이 있었다. 그는 아버지가 농노들에게 죽임을 당하는 모습을 보고 큰 충격을 받아 사회주의 출판물을 만들어 배포하다 잡혀 사형을 눈앞에 두고 있었다. 그의 인생은 지금 사형수에게 주어지는 마지막 5분만이 남아 있을 뿐이었다. 마지막 5분, 28년을 살아온 그 사형수에게 마지막으로 주어진 최후의 5분은 너무나 소중한 시간이었다.

마지막 5분을 어떻게 쓸 것인가? 사형수는 고민 끝에 결정을 했다. 나를 알고 있는 모든 이들에게 작별 기도를 하는 데 2분, 오늘까지 살게 해준 하느님께 감사하고 곁에 있는 다른 사형수들에게 한마디씩 작별 인사를 나누는 데 2분, 나머지 1분은 자연의 아름다움과 지금 최후의 순간까지 서 있게 해준 땅에 감사하기로 마음을 먹었다.

흐르는 눈물을 삼키면서 가족들과 친구들을 생각하며 작별인사와 기도를 하고 나니 2분이 지나버렸다. 그리고 자신에 대해 돌이켜보려는 순간 '아, 이제 3분 후면 내 인생도 끝이구나' 하는 생각이 들자 눈앞이 캄캄해졌다. 그제야 지나가버린 28년이란 세월을 아껴 쓰지 못한 것이 참으로 후회되었다.

"아, 다시 한 번 인생을 살 수만 있다면……." 회환의 눈물을 흘리는 그 순간, 기적이 일어났다. 황제로부터 사형집행 중지명령이 내려진 것이다. 구사일생으로 풀려난 그는 사형집행 직전에 주어졌던 마지막 5분을 생각하며, 평생 시간의 소중함을 간직한 채 매순간을 삶의 마지막인 것처럼 여기며 살았다고 한다.

그는 바로 러시아 최고의 작가인 도스토옙스키다. 삶의 본연적 가치를 생각하게 하는 《죄와 벌》 등 그의 작품들은 이러한 극적인 죽음의 순간을 거친 후 탄생한 것이다. 만일 자신이 마지막 순간을 앞두고 있다면 어떤 생각을 할 것인가? 아마도 대부분 지나온 시간에 대한 후회를 하게 될 것이다. 그리고 도스토옙스키처럼 간절히 원할 것이다.

"아, 다시 한 번 인생을 더 살 수만 있다면……."

삶을 바꾸기 위한 유일한 방법은 무엇일까? 바로 여행을 떠나는 것이다. 이때 무엇을 위한, 어디로 가는 여행인지가 삶의 방향을 결정한다. 단 하나의 목적지를 정할 수 있다면 분명코 언젠가는 도달하게 될 것이다.

내 삶은 무엇에 관한 것이어야 하는가? 자신이 걸어온 길이 익숙하기만 했다면 지금까지의 삶은 그저 그런 삶에 안주해온 것이다. 이젠 자신만의 길을 찾아야 할 때가 되었다. 평범한 삶에서 놀라운 삶으로 변화를 꿈꾼다면 나만의 로드맵이 있어야 한다. 친숙하고 평범한 것에서 기꺼이 떠나라. 여행을 떠날 때에는 이미 익숙해져 있는 통념과 삶의 조건들을 버리지 않으면 안 된다. 새로운 주제에 걸맞는 사고와 기준을 흔쾌히 받아들이고, 여행자의 관점으로 세상을 바라봐야 한다.

세상을 바라보는 관점을 바꿀 수 있는 가장 쉬운 방법은 무엇일까? 그건 바로 '책읽기'다. 많은 사람들이 책을 통해 얻고자 하는 키워드는 '변화'다. 그런데 단순히 책을 읽고 꿈을 꾸기만 하면 변화가 일어날까? 그렇지 않다. 키워드에 합당한 준비와 실천 전략이 있어야 한다.

만일 어디로 가야 할지 목적지가 뚜렷하지 않다면 삶의 초점을 바꿔야 한다. 자신의 눈을 속이고 있는 현실과의 타협이라는 장막을 걷어내라. 자신을 속이지 말아야 한다. 자기 자신에 대한 용기와 확신이 없기 때문에 스스로를 속이고 있는 것이다. 세상에 안정이라는 것은 존재하지 않는다. 어차피 삶이란 순례자로서의 여행이거나 아무런 의미 없는 삶이거나 둘 중 하나다. 기왕 떠나야 할 여행이라면 기꺼이 자발적으로 준비하는 것이 현명하다.

목적지가 둘이 될 수는 없다. 단 하나의 목표를 향해 떠나야 하며, 거기에 자신의 모든 것을 걸어야 한다. 이미 성공이라는 열매를 손에 쥔 사람들의 공통점은 바로 하나의 목표에 자신의 모든 것을 걸었다는 것이다. 자신의 삶에서 고귀한 단 하나의 목표를 추구하는 것이야말로 자신의 모든 잠재력을 발휘할 수 있는 최선의 방법이다.

단 하나의 목표를 향해 첫 발을 내딛는 순간부터 주변의 모든 것들이 변하기 시작할 것이다. 비록 넘어지고 상처 입는 일이 수없이 반복되겠지만, 그래도 포기하지 않는다면 소중한 선물을 발견하게 될 것이다.

FOCUS THINKING

내 인생 단 하나의 목표, 업을 정하라

"어디로 배를 저어야 할지 모르는 사람에게는 어떤 바람도 순풍이 아니다."

프랑스 사상가 몽테뉴의 말이다. 인생도 마찬가지다. 속도 이전에 방향이 훨씬 더 중요하다. 내 삶의 최고 수익률을 올리기 위해서는 정확한 방향이 설정되어야 한다. 무작정 아무 곳으로나 내달리는 어리석음은 결국 낭떠러지에 직면하게 된다.

미래는 갑작스럽게 오는 것이 아니다. 반드시 현재와 인과관계를 맺으며 어떤 사전 징후라도 보이며 다가온다. 안개 속을 헤매고 있다고 생각하는가? 그렇다면 눈앞에 보이는 것에 연연하지 말고 산꼭대기로 오르는 방향이 어디인지부터 생각하라.

미래를 위한 준비를 어떻게 하고 있는가? 미래에 무엇이 필요한지 깊이 생각하고 있는가? 자신의 인생에서 최고의 투자는 무엇인가? 자신의 인생을 노예 다루듯 함부로 굴리고 있지는 않은가? 자신의 가치를 높일 수 있는 전략을 수립해야 한다. 미래를 위한 최고의 투자는 '지식 습득 능력' 을 확보하는 것이다. 그것도 획기적이고 혁신적이며 탁월한 수준이어야 한다. 남들이 빼앗아갈 수 없는 자신만의 자산은 차별화된 지식 습득 능력뿐이다.

세상의 급격한 변화는 수많은 낙오자들을 만들고 있다. 시간이 흐를수록 중간층이 두터운 항아리 모양에서 하층민, 즉 낙오자가 더 많아지는 피라미드 형태로 변해가고 있다. 고급 지식을 가지고 있는 사람과 그렇지 못한 사람의 소득 격차는 점점 더 심하게 벌어질 것이다. 당신이 현재 가지고 있는 지식은 어쩌면 이미 효용 가치를 상실한 무용지식일 수도 있다.

어떤 기업이나 조직도 당신의 미래를 책임져주지 않는다. 참신하고 혁신적이며 남들이 가지지 못한 노하우가 없다면 몸값은 갈수록 하락하게 될 것이다. 이러한 모든 문제에 대한 해답은 단 하나의 목표를 향한 전문적이고 차별화된 지식 습득 능력을 계속 갈고닦아 나가는 것이다.

당신의 단 하나의 목표는 무엇인가? 그것은 당신의 모든 것을 걸고 승부를 내야 하는 투쟁이어야 하며, 인생의 주제여야 한다. 그것이 바로 '업業'이다. 직업은 상황에 따라 수시로 변할 수 있지만 업은 변하지 않는다. 진정한 삶의 가치와 보람, 좌절과 극복은 업과 함께했을 때 존재하는 것이다. 인생은 업을 찾는 작업이며, 업을 더 가치 있게 만드는 과정이다. 책읽기는 그 업을 구체화하고 실현하기 위한 수단이다.

업은 삶의 중요한 전환점이 되는 출발이며 목적을 향해 나아가는 과정에서의 일관된 지침이고, 모든 행동과 생각의 기준이 되는 하나의 방향이자 목표다. 그리고 진실된 싸움이자 삶 전체의 질을 결정한다. 업이 없다면 당신의 삶은 의미가 없다. 업은 자신이 결정하는 것이며 자신의 절대적인 권리이자 필생의 의무다. 모든 사람들에게 당당히 이야기할 수 있어야 한다.

당신의 업은 무엇인가? 업에 대한 결심이 있기 전까지 당신의 인생에는 어떠한 혁신적인 변화도 일어나지 않을 것이다. 마음속에 무언가를 바라고 있다면 그것이 진정한 업과 관련이 있는지 생각해보라. 단순한 바람이나 희망, 긍정적인 사고 등으로는 아무것도 실체적으로 만들어내지 못한다.

내면 깊은 곳에서 울려 나오는 소리에 귀를 기울여보라. 그 소리가 무엇인지 들을 수 있어야 한다. 잘 듣는 것이야말로 바로 자신의 삶을 이끌어가는 리더십의 출발이다. 진정한 경청이란 내 안의 세미한 소리를 듣는 것이다. 그 소리에 자신의 인생을 몽땅 투자하는 것이다.

업을 세우는 것은 자신에 대한 혁명을 일으키는 것이다. 기약도 없는 점진적인 변화가 아니라 혁신적이고 구조적인 변화를 이루어내는 것이다. 자신이 진정으로 원하는 것이 무엇인지를 발견함으로써 삶은 비약적인 발전을 이룰 수 있다.

결심을 하기 위해서는 선택을 해야만 한다. 죽을 것인가, 아니면 살 것인가? 깨어 있을 것인가, 잠들어 있을 것인가? 본질적인 삶을 살 것인가, 공허한 삶을 살 것인가? 내면의 충족인가, 아니면 표면적인 도취인가? 어떤 삶을 선택할 것인지 이제 단호하게 결정하라.

현재의 모습이 넘어진 상태, 배고프고 결핍된 상태라면 한참 동안 그대로 있어라. 서둘러 일어나려 하지 마라. 그렇다고 쓰레기로 배를 채우라는 말은 아니다. 다소 수치스럽더라도 현재 상태에 머물러 있으면서, 일어난다면 어디로 걸어갈 것인지, 무엇으로 부족한 것을 채울 것인지 결정한 다음 행동으로 옮기는 것이 현명하다. 어쩌면 넘어지고 굶주린 것은 더 본질적인 것을 주시려는 신의 선물일 수도 있다. 인간의 가장 안타까운 약점은 그저 눈앞의 것만 취하려는 조급함이다.

겉치레를 벗어 던져라. 진정으로 원하는 삶은 미래에 만들어지는 것이 아니다. 왜냐하면 미래는 존재하지 않기 때문이다. 과거의 삶도 존재하지 않는다. 이미 사라진 것은 없는 것이다. 모든 것은 현재다. 바로 이 순간이 삶의 모든 것이다. 인생은 장거리 마라톤이 아니다. 현재의 연속이다. 지금 이곳이 우리가 살아 있는 곳이며 모든 것에 충실해야 할 순간이다. 현재는 신의 선물이다. 이 선물을 어떻게 사용할 것인지를 결정하는 것이 바로 업에 대한 결심을 하는 것이다.

업을 구체화하는 수단 가운데 우리가 가장 쉽고 확실하게 선택할 수 있는 방법이 바로 책읽기다. 언제 쓰인 어떤 책이든 그 저자는 현존하는 당신과 이야기를 나누고 있는 것이다. 저자와 어떤 대화를 나눌 것인지는 순전히 당신의 몫이다. 업을 찾는 순간까지는 책과 끊임없이 대화를 해야 한다. 그렇게 업이 결정되면, 그 순간부터는 책과의 진정한 대화가 시작될 것이다.

FOCUS THINKING

내 마음을 여는 열쇠는 무엇인가?

- 지금처럼 산다면 10년 후 내 삶은 어떤 모습일까?
- 어떤 일을 하고 어떤 선택을 해야 가치 있는 미래를 만들 수 있을까?
- 나의 삶은 무엇을 위한 싸움인가?
- 알아야 할 것과 배워야 할 것은 무엇인가?
- 최선을 다했지만 왜 성과를 얻지 못하고 있는가?
- 무엇에 대한 책임감으로 살아야 하는가?
- 내 삶을 바꾸기 위한 전략은 어떤 것들이 있을까?

자신의 삶에 어떤 질문을 던지며 살고 있는가? 내 안에 있는 힘과 용기, 지혜를 꺼낼 수 있는 열쇠는 무엇인가? 그것은 바로 자신에게 던지는 질문이다. 질문은 모든 것을 열 수 있는 마스터키와 같다. 분명한 것은 진정으로 얻고 싶은 것, 되고 싶은 것은 내 안에 있다는 것이다. 그 답을 이끌어내고 싶다면 그에 합당한 질문을 던져야 한다.

물고기를 원하면서 산을 향해 달려가는 어리석음을 범하는 사람들이 많다. 남들이 산을 향해 가기 때문에 자신도 무작정 따라가는 것이다. 자신이 원하는 것이 무엇인지부터 정확하게 알아야 한다. 그리고 그것을 얻으려면 어디로 가야 할 것인지 생각해야 한다.

마찬가지로 책을 읽는다고 해서 원하는 것을 얻을 수 있는 것은 아니다. 확실하게 말하건대 책읽기의 실패는 바로 여기에서 시작된다. 책을 통해 무엇을 얻으려는지도 알지 못하면서, 또한 어떤 책을 읽어야 원하는 것을 얻을 수 있는지도 알지 못한 채 책을 읽는 것이다. 자신이 무엇을 원하는지, 그리고 어디에서 그것을 찾을 수 있는지를 명확하게 알아야 책읽기를 통해 원하는 것을 얻을 수 있다.

사람들이 깨달아야 할 중요한 통찰 중 하나는, 이 세상이든 자기 자신이든 본래 그렇게 만들어진 것이 아니라 그렇게 되도록 선택했기 때문에 현재의 상태로 만들어졌다는 것이다. 부지런히 가다 보면 목적지가 나올 것이라고 착각하지 말라. 노예처럼 열심히 일한다고 성공하는 것은 결코 아니다.

자신에게 원하는 것을 질문하라. 나는 누구인가? 지금 하는 일이 어떤 의미를 담고 있는가? 내 인생에서 하고자 하는 일은 무엇인가? 내 안에서 답을 구하라.

아우슈비츠 수용소에서 살아남은 유태인 심리학자이자 정신과 의사인 빅터 프랭클은 다음과 같이 말했다.

"많은 사람이 살아갈 수단은 갖고 있지만 존재 의미는 갖고 있지 않다."

왜 우물을 파야 하는지에 대한 답도 없이 열심히 삽질만 하는 삶에서 어떤 가치를 찾을 수 있겠는가? 목적지도 없이 무작정 삶의 여행을 떠나는 것은 곤란하다. 그런 여행에는 어떤 바람도 순풍이 되지 못한다. 모든 바람들이 역풍으로 작용한다면 그것처럼 피곤한 인생도 없을 것이다.

질문은 목적을 찾기 위한 도구이며, 답을 찾기 이전에 반드시 갖춰야 할 필수요소다. 질문은 에너지와 방향의 원천이다. 자신의 인생을 목적지로 향하게 하며, 삶의 질을 결정한다. 핵심 본질로써 자신이 누구인지, 어디에서 왔는지, 어디로 가고 있는지에 대해 생각하게 하는 가장 깊은 차원의 도구다. 따라서 책읽기 역시 근본적인 질문에서 시작되어야 함이 마땅하다.

질문을 던지는 것 자체가 어려운 일은 아니다. 진짜 어려운 일은 질문을 던지기 위해 온전한 정신을 유지하고 환경을 만드는 것이다. 사람들에게는 2가지 삶이 있다. 하나는 자신이 살았던 삶이고, 또 하나는 아직 살아보지 못한 삶이다. 당신은 가슴속에 어떤 꿈을 품고 사는가? 그 꿈을 실현하기 위한 방법은 무엇인가? 그 꿈이 꿈으로 끝날 것인지 아니면 현실이 될 것인지는 어떤 질문을 던지느냐에 달렸다.

나의 삶을 갉아먹고 있는 것이 무엇인지도 모른 채 꿈만 꾸어서는 안 된다. 우리의 가슴속에서 무엇을 말하려고 하는지 질문을 던지고 귀를 기울여 들어야 한다. 그 소리는 이미 오래 전부터 나의 소명이 무엇인지 계속 말하고 있었음을 깨닫게 될 것이다. 책은 그 세미한 소리를 듣게 만드는 보청기다.

2장
진정한 책읽기란 어떤 것인가

삶의 방향과 목적에 따라
에너지를 집중하고 효과적으로
사용하기 위한 것이
'사명선언문' 이다.
지금까지 진정한 변화와 발전,
그리고 성공을 경험하지 못했다면
가장 큰 이유는 바로 사명선언문의
부재에 있었다는 사실을
마음속 깊이 인식해야 한다.
삶의 최종 방향인 사명을 실현하기 위해
이루어야 할 거시적인 프로젝트를
3개로 압축해보자. 이것이 '비전' 이다.
비전은 사명과 방향이 일치해야 한다.
사명을 실현시키지 않고
이루어지는 비전은 없다.
진정한 책읽기는
사명과 비전에 합당한 책을 선택하고
전략을 세우는 것이다.

FOCUS THINKING

첫 걸음에서 모든 것이 결정된다

천재의 대명사라고 일컬어지는 레오나르도 다빈치는 예술, 과학, 문학, 철학 등 모든 분야에서 비교대상이 없을 정도로 뛰어난 재능을 발휘했다. 그가 남긴 작품들 중 어떤 것은 지금까지도 연구를 끝내지 못한 게 있을 만큼 시대를 초월한 천재성을 발하고 있다.

그러나 다재다능한 천재 다빈치도 처음부터 모든 분야에서 능력을 발휘한 것은 아니었다. 그가 세상에 자신의 가치를 내보이기 시작한 것은 미술 분야였다. 그림에서 시작해서 점차 과학과 문학 등으로 영역을 넓혀 나간 것이다.

자신의 능력을 다른 사람들보다 탁월한 수준으로 높이기 위해서는 순서가 필요하다. 일단 여러 분야를 목표로 하기보다는 한 분야에서 재능을 발굴하고 최고 수준으로 끌어올리는 것이 현명한 방법이다. 동시에 여러 분야에 에너지를 분산하는 것은 그만큼 실패할 확률이 높다. 어디에 집중할 것인지 포인트를 찾아내야 한다.

그러자면 자신의 내면에 숨어 있는 강점을 발견해야 한다. 진정한 능력은 하나의 강점에 자신의 모든 에너지를 집중해 반복적으로 투입함으로써 계발되는 것이다.

전략의 본질은 자신의 강점을 포착해내고, 그것을 계발하기 위한 계획을 수립하고 실천하는 것이다. 다른 사람의 기준이 나의 기준이 되어서는 안 된다. 나에게는 나만의 강점이 있다. 승리하기 위한 첫 단추가 바로 자신의 강점을 찾아내는 것이다.

책읽기는 여기에서부터 출발해야 한다. 책을 통해 자신의 능력을 계발하고 남다른 자질을 갖추기 위해 체계적으로 접근하는 것이 중요하다. 아무 책이나 무작정 읽어대는 것은 그리 현명한 방법이 아니다. 하루에도 엄청난 양의 책이 쏟아지는데, 도대체 어떤 책을 읽어야 할지 뚜렷한 방향을 잡지 못하면 책의 쓰나미 속에서 길을 잃게 된다.

혹자는 이렇게 말할 수도 있다.

"책읽기를 뭐 이렇게 복잡하게 해야 하나? 책이란 건 그냥 읽기만 해도 좋은 것 아니냐. 이렇게 복잡하고 어렵게 해야 한다면 차라리 책을 읽지 않겠다."

이런 식으로 아무렇게나 책읽기를 하고 싶다면 원하는 대로 해도 좋다. 하지만 분명히 미리 말해두건대, 책이 당신에게 별 도움을 주지 못할 뿐만 아니라 당신은 아주 좋은 기회를 스스로 걷어찬 행동에 대해 머지않아 후회하게 될 것이다.

앞에서도 말했지만 책읽기는 사람의 두뇌가 할 수 있는 최고 수준의 지적활동이며 창조 작업이다. 책읽기를 제대로만 한다면 자기계발을 위한 더 이상의 효과적인 방법은 없다. 그런 가치 있는 작업을 주먹구구식으로 대충하고 싶다면 지금 당장 이 책을 덮어주기 바란다.

성공적인 책읽기를 원한다면 단계적이고 체계적인 전략을 수립해 따르는 것이 좋다. 그 단계는 다음과 같다.

사명선언문 작성하기

↓

강점(재능) 찾기

↓

책 목록 선정하기

↓

기간별 목표 설정하기

↓

집중 읽기

FOCUS THINKING

진정한 자신의 모습을 발견하라

지금부터 솔직해지기로 하자. 그래야 자신의 내면에 감춰진 강점과 약점, 그리고 재능을 찾아낼 수 있다. 자신이 어느 방향으로 움직여야 하는지 알 수 있다면 이미 반은 성공한 것이다. 스스로에게 질문을 던져보라.

'나는 무엇을 할 것인가?'

'내가 진정으로 원하는 것은 무엇인가?'

자신이 원하는 것과 자신에게 어떻게 동기부여를 할 수 있는지 정확하게 파악하라. 이것을 모르고서는 아무리 노력해도 진정한 발전이나 성공을 기대하기 어렵다. 만일 220볼트에서 작동하는 전자제품에 110볼트를 연결하면 어떻게 되겠는가? 혹은 그 반대의 경우라면? 기계가 움직이지 않거나 고장이 나고 말 것이다. 기계가 원하는 전기를 적절하게 공급하지 못하면 오히려 부작용이 생길 뿐이다. 이처럼 무엇이 자신의 동기를 자극하는지 알지 못하면 원하는 목표를 달성하기 어렵다.

'내가 생각하는 성공이란 어떤 것인가?'

'그 성공을 이루기 위해서는 무엇이 필요한가?'

무작정 열심히 노력하다 보면 어느 날 갑자기 성공이란 것이 눈앞에 펼쳐질 거라고 생각한다면 결국 좌절만 겪게 될 것이다. 성공에 대한 정의와 기준도 없고, 무엇이 필요한지도 모르면서 어떤 성공을 바란단 말인가? 성공하기를 바란다면 자신에게 가장 가치 있는 일이 무엇인지부터 깊이 생각해보라.

성공이란 자신이 판단하는 가장 가치 있는 일에 집중하는 것, 그 자체를 말한다. 어떤 결과나 목표에 이르러야만 하는 것이 아니라 과정 그 자체가 성공을 의미한다. 인생에서 종착점이란 없다. 끊임없이 일관된 가치를 추구하며 자아실현을 위해 노력하는 것이 곧 성공이다. 경제적인 성취는 오히려 극히 일부분에 지나지 않는다. 자신이 생각하는 성공의 정의부터 정리해보자.

나의 경우, '포커스 리딩'을 많은 사람들에게 전하면서 나 자신에 대한 정의를 이렇게 글로 표현했다.

나는 불이다.
내 안의 불씨를 통해
다른 사람의 삶에 열정의 불을 댕기고
새로운 출발을 할 수 있도록 길을 닦는다.
가치 있는 삶을 향한 열정으로
모든 쭉정이를 불태우고
빛나는 정금이 되기 위해 부단히 단련한다.

내가 책읽기를 통해 다른 사람들에게 열정의 불을 댕기는 불씨로써의 역할을 하겠다는 다짐이다. 이러한 나 자신에 대한 정의를 스스로 내리는 것이다. 이것은 누구도 대신해줄 수 없는 일이며, 매우 중요하고 가치 있는 작업이다.

자신의 삶에 대해 다른 사람이 정의를 내리는 것처럼 불행한 일은 없다. 스스로 자유롭고 창의적으로 자신의 삶에 대해 표현하고 가치를 추구해야만 한다. 모든 사람에게는 자유의지를 바탕으로 한 선택의 권리가 있다. 그런데 왜 당신은 다른 사람처럼 살고자 하는가? 다른 사람과 당신이 추구하는 가치는 결코 같지 않으며, 그러한 가치를 실현할 수 있는 재능 역시 다르다.

당신은 자신의 존재가치를 인정해야 한다. 자신을 객관적으로 바라볼 수 있는 합리적인 사고를 통해 누군가 정해놓은 한계를 넘어야 한다. 그래야 당신은 새로운 삶을 설계할 수 있다.

우리의 삶에 주어진 것 중에서 원하는 대로 조정할 수 있는 것이 있고, 그렇지 않은 것이 있다. 시간은 누구에게나 공평하게 주어졌지만 그 양을 늘리거나 줄일 수 없다. 그럼에도 많은 사람이 착각하는 것 중 하나가 시간을 관리할 수 있다고 생각하는 것이다. 시간은 관리의 대상이 아니다. 다만 주어진 시간을 얼마나 가치 있게 쓸 수 있느냐가 중요한 것이다.

하루는 24시간으로 고정되어 있지만 사용할 수 있는 에너지는 얼마든지 크게 만들 수 있다. 즉 주어진 시간에 얼마나 많은 에너지를 모을 수 있느냐가 우리의 역할이다.

삶은 시간 관리가 아니라 에너지 관리에 따라 그 가치가 달라진다. 시간의 법칙과는 달리 에너지 몰입의 법칙에 따르면 한곳에 에너지를 집중할수록 더 강한 힘을 발휘할 수 있으며 더 큰 가치를 생산할 수 있다. 이처럼 삶의 방향과 목적에 따라 에너지를 집중하고 효과적으로 사용하기 위한 것이 '사명선언문'이다.

하루에 33명, 1년에 1만 2,000명이 우리나라에서 스스로 목숨을 끊고 있다. 그렇게 많은 사람들이 왜 스스로 자신의 삶을 포기하는 것일까?

지금 당신이 원하는 것이 무엇인지 말해보라. 그런데 중요한 사실은,

당신이 원하는 그것이 사실은 진실이 아닐 수도 있다는 것이다. 지금 원하는 것이 진정으로 당신의 삶을 채워줄 가치를 담지 못하고 있을 가능성이 아주 크다는 것이다. 다른 사람들의 기준으로 그것을 원하고 있는지도 모른다. 바로 그게 함정이다. 그 함정에서 빠져나오지 못하면 살아도 제대로 살아 있는 것이 아니며, 자신의 삶은 존재하지 않는 것이나 마찬가지가 된다. 왜냐하면 자신의 삶이 아니라 다른 사람의 삶을 살고 있기 때문이다. 그렇다면 나의 삶이란 무엇이며 어떻게 설계를 해야 할까?

FOCUS THINKING

내 인생의 방향을 담은 사명선언문을 작성하라

자신이 추구하는 가장 가치 있는 것이 무엇인지를 정의내리는 것이 바로 사명선언문이다. 사명선언문 없이 삶을 살아가는 것은 GPS를 장착하지 않고 비행하는 것과 같다. 방향을 이끌어주는 GPS가 없으면 방향을 잃고 헤매다 조만간 연료가 고갈되어 추락을 면키 어려울 것이다.

사명선언문은 개인의 헌법이다.

한 국가가 정상적으로 유지되기 위해 가장 중요한 것이 바로 헌법이다. 헌법이 없다면 국가는 존립할 수 없다. 국가의 정체성과 통치이념,

국민의 책임과 의무 등이 헌법에 담겨 있기 때문이다. 헌법이 없는 국가는 다른 나라에 지배를 당하고 있거나 무정부 상태이거나 둘 중 하나다.

개인도 마찬가지다. 자신의 삶이 어떤 가치를 가질 것인지에 대한 뚜렷한 정의를 담고 있는 사명선언문이 없다면 둘 중 하나의 상태다. 다른 사람의 기준에 지배를 당하고 있거나 무개념적인 삶을 살고 있는 것이다. 지금까지 진정한 변화와 발전, 그리고 성공을 경험하지 못했다면 가장 큰 이유는 바로 사명선언문의 부재에 있었다는 사실을 마음속 깊이 인식해야 한다.

그렇다면 내가 서 있는 현재의 위치와 바라보는 방향이 정확한지 아닌지 따져봐야 하지 않을까? 어떤 기준으로 그것을 검증할 것인가? 국가가 정체성을 유지하고 있는지 아닌지는 헌법에 근거해 판단해야 하듯이 개인의 경우는 사명선언문에 근거해서 생각해야 한다.

"마음속에서 간절히 원하면 반드시 이루어진다"고 사람들은 믿는다. 필자 역시 그 말에 동의한다. 그런데 무엇을 간절히 원할 것인지, 원하는 그것이 정말 중요한 것인지 냉정하게 판단해봐야 한다. 하고 싶고 가지고 싶은 것들을 목록으로 만들기도 하지만 도대체 그런 것들이 자신에게 왜 중요한지에 대해 생각을 해봐야 한다.

사명선언문은 그 모든 판단의 근거를 담고 있어야 한다. 헛된 것에 눈이 멀어 인생을 탕진하지 않으려면 제대로 된 사명선언문을 작성해야만 한다.

사명使命이란 무엇인가? 한자 그대로의 의미는 '생명을 사용한다'는 뜻이다. 사명선언문이란 생명을 어떻게 사용할 것인가, 즉 자신의 삶을 어떤 가치를 향해 움직일 것인가에 대한 선언서를 말한다. 사명을 정의하기 위해서는 몇 가지 생각해야 할 것들이 있다. 비전과 목표, 그리고 신념이 바로 그것이다. 각각의 연관성은 다음의 그림을 보면 이해하기 쉬울 것이다.

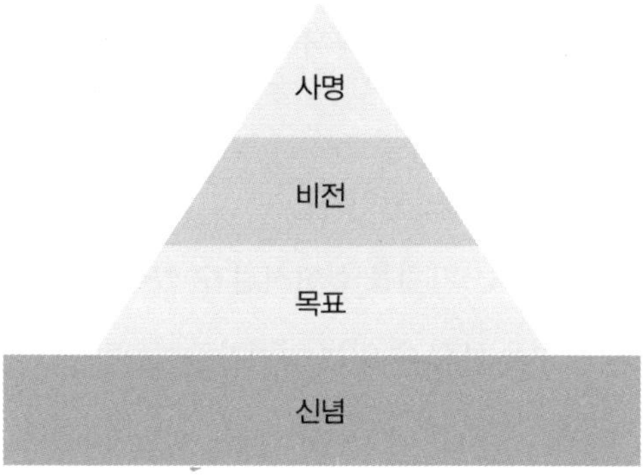

사명 : 어떻게 살아가야 할 것인지를 말해주는 윤리이자 원칙

비전 : 사명대로 살았을 때의 최종 목표

목표 : 비전을 이루기 위한 과정이자 거쳐야 하는 크고 작은 성취

신념 : 비전과 목표가 흔들리지 않게 받쳐주는 정신 자세

장·단기적 성취인 비전과 목표는 사명이라는 등대가 존재할 때 비로소 이룰 수 있다. 그러므로 사명이 없이는 어떠한 비전과 목표도 무의

미하다. 목표나 비전이 흔들리거나 변한다 할지라도 사명이 굳건하게 성립되어 있다면 아무런 문제가 없다. 즉 사명은 삶의 존재 이유라고 할 수 있다. 사명선언문을 근거로 무엇을 이루고 싶은지, 어떤 사람이 되고 싶은지를 결정하는 것이다.

성공의 비밀은 이미 자신의 내면에 있음을 깨달아야 한다. 그 비밀은 아주 간단하다. '자신이 좋아하는 일을 하는 것'이다. 그런데 자신이 진정으로 무엇을 좋아하는지 알고 있는가? 진정으로 자신이 좋아하는 것이 무엇인지 알기 위해서 다음의 3가지 질문을 던져보자.

첫째, 평생 헌신할 수 있는 일인가?

둘째, 자신이 추구하는 가치를 실현시킬 수 있는 일인가?

셋째, 자신의 재능을 살릴 수 있는 일인가?

이 질문에 대한 판단 기준은 사명선언문이어야 한다. 그리고 이 3가지 질문 중에서 한 가지라도 "아니오"라고 답한다면 그것은 사명을 향한 일이 아니다. 왜 사명선언문이 필요한지 이제 충분히 이해했으리라 생각한다. 그렇다면 사명선언문은 어떻게 작성하는 것일까?

사명선언문은 자신의 삶에 어떤 가치를 실현시킬 것인지를 담고 있다. 지금 이 책을 통해 사명선언문 작성에 대한 모든 내용을 담을 수는 없다. 무엇에 중점을 두어야 하며, 작성 순서와 방법에 대해서 간략히 다루고 넘어가겠다. 사명선언문에 대해 좀더 자세하게 알고 싶다면 로리 베스 존스의 저서 《기적의 사명선언문》을 참고하기 바란다.

사명선언문을 작성하기 위해 필요한 질문은 다음과 같다. 빈 칸은 스스로 채워보자.

① 죽을 때까지 간직하고 싶은 가치 혹은 목표는 무엇인가?

내 인생의 핵심 가치는 ( ), ( ), 그리고 ( )이다.

② 누구를 위해, 무엇을 위해 헌신할 수 있는가?

내 삶은 ( ), ( ), 그리고 ( )를 위한 삶이다.

③ 지금부터 10년 후 어떤 모습이기를 바라는가?

10년 후 나는 ( )을 하는 ( )한 사람이기를 바란다.

④ 삶이 앞으로 6개월밖에 남지 않았다면 마지막으로 누구에게 무엇을 하고 싶은가?

내 삶의 마지막을 후회 없이 마무리하기 위해 ( )에게 ( )을 할 것이다.

⑤ 지금 죽기 직전이라고 하자. 지금까지 이룬 것은 무엇이며, 사랑하는 가족들에게 어떤 말을 하고 싶은가?

이룬 것 : ______________________________

남기고 싶은 말 : ______________________________

____

이 5가지 질문들을 모두 고려해 당신의 삶을 어떻게 살고자 하는지 명확하고 구체적으로 적어보자. 중복되는 내용을 모아서 몇 가지 항목의 문장으로 다듬어보자. 그것이 바로 당신의 사명선언문이다. 복잡한 과정은 생략했지만 질문들에 대한 답을 심사숙고해 정리한다면 자신의 훌륭한 사명선언문을 만들 수 있을 것이다.

박성후의 사명선언문

첫째, 나의 모든 소중한 가치는 가족으로부터 나온다.
둘째, 다른 사람들의 삶에 열정의 불을 붙이고 새로운 출발을 돕는다.
셋째, 책읽기를 통한 삶의 설계를 위해 사람들과 소통하고, 조직해 확장한다.

사명이 정해졌는가? 그 사명선언문은 이제부터 책을 선택하고 활용하는 모든 근거가 될 것이다. 제대로 된 책읽기는 바로 사명선언문을 작성하는 것에서부터 시작한다.

FOCUS THINKING

내 인생의 3대 프로젝트, 비전을 설정하라

삶의 최종 방향인 사명을 실현하기 위해 이루어야 할 거시적인 프로젝트를 3개로 압축해보자. 딱 3가지만 정하라. 이것이 '비전'이다. 비전은 사명과 방향이 일치해야 한다. 사명을 실천하지 않고 이루어지는 비전은 없다.

3개의 프로젝트는 경제적, 정신적, 육체적인 면으로 나누어 분류할 수 있다. 다음의 그림을 보면 사명과 3개의 프로젝트의 관계를 쉽게 이해할 수 있을 것이다.

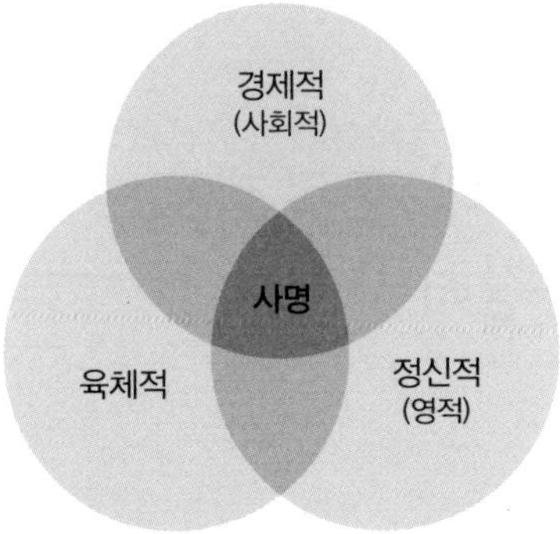

먼저 경제적 프로젝트는 비즈니스, 재정 등과 관련된다. 인간의 삶에 돈이 차지하는 비중은 거의 절대적이다. 세상을 사는 데 돈이 없으면 할 수 있는 일이 거의 없다고 해도 과언이 아니다. 돈을 가벼이 여기는 어떤 주장에도 동의하기 어렵다. 돈은 생명이나 다름없다. 그러므로 돈에 대한 철학을 정립하는 것은 매우 중요하다.

경제적인 능력을 갖추기 위한 최고의 재테크는 무엇이라고 생각하는가? 가장 수익률이 높은 재테크는 바로 남들이 갖지 못한 획기적인 지식 습득 능력을 갖추는 것이다.

두 번째로 정신적 혹은 영적인 충만을 위한 프로젝트는 자신만이 아니라 주변인, 특히 가족을 포함한다. 가족은 모든 정신과 영적인 에너지를 제공한다. 사명이란 궁극적으로 경제적 풍요로움만으로 완성되는 것이 아니다. 내적인 부분이 충족되었을 때 비로소 자아의 가치를 높일 수 있으며 사명이 실현된다.

정신적 프로젝트는 삶에서 가장 소중한 가치가 무엇인지를 정확히 이해해야만 설계할 수 있다. 경제적, 육체적 프로젝트가 엔진과 연료라면 정신적 프로젝트는 지도이자 나침반이라고 할 수 있다. 이는 사고와 판단의 방향을 제시해주고 사명으로 향하는 길을 잃지 않도록 도와준다.

세 번째로 육체적 프로젝트는 정신적, 경제적 프로젝트를 건강하게 만든다. 하지만 육체적 프로젝트는 건강을 잃어봐야 그 중요성을 절실하게 깨닫는 경우가 많다. 건강을 잃으면 경제적·정신적 프로젝트를 추진하는 것이 불가능해지며, 모든 것을 잃게 된다. 건강은 모든 것의 근간이다.

또한 혼자만 고통 받는 것이 아니라 가장 소중한 주변 사람들까지 힘들게 된다.

죽음의 수용소 아우슈비츠에서 살아남은 유태인 심리학자 빅터 프랭클은 극한의 환경에서 중요한 사실을 깨달았다. 수용소 안에서 살아남은 사람과 스스로 삶을 포기한 사람에게 어떤 차이가 있는지 관찰하면서 발견한 것이다.

이들에게서 가장 크게 구별되는 요인은 '미래의 비전'에 대한 의식을 가지고 있는지의 여부였다. 죽음의 수용소 안에서도 비전은 자신이 왜 살아야 하는지에 대한 확실한 자의식을 심어주었다. 살아서 이루어야 할 사명과 중요한 역할이 자기 자신에게 있다는 강력한 확신을 갖게 한 것이다.

비전에는 인간 행동의 기본적 동기부여가 그대로 담겨 있다. 그것은 눈앞의 현실 너머를 볼 수 있는 능력이며, 존재하지 않는 것을 상상하고 현실과 같이 느껴지게 하는 마력이 있다. 자신이 누구이며 어떤 존재인가 하는 핵심적인 질문과 연결되어, 자신이 이룰 수 있는 공헌·가치·목표 등을 명확하게 만들어준다.

여러 사람이 비전을 공유하는 것은 개인의 합보다 더 큰 에너지를 만들고 지름길로 더 빠르게 사명에 도달하게 한다. 비전에는 개인의 능력을 초월하는 위력과 삶의 질에 가장 큰 영향력을 미치는 힘이 담겨 있다.

다시 한 번 생각해보자. 비전이란 무엇인가? 비전은 앞에서 설명한 바와 같이 사명대로 살았을 때 이룰 수 있는 최종 목표다. 즉 사명과 일치하는 삶을 살면서 이루고자 하는 목표를 말한다. 비전을 이루기 위한 최선의 방법이 책읽기다.

진정한 책읽기는 사명과 비전에 합당한 책을 선택하고 전략을 세우는 것이다. 즉 사명과 비전을 설계하는 것이 책읽기의 성공을 만드는 출발이라고 할 수 있다. 비전은 머리에만 담아 두어서는 안 된다. 반드시 종이에 적어야 한다. 깊이 생각해 적어보자.

사명		
경제적 프로젝트	정신적 프로젝트	육체적 프로젝트

3장
책읽기, 왜 실패하는가?

책이 자신에게
제대로 도움을 주지 못하는
가장 큰 이유는 바로
왜 책을 읽으려고 하는지에 대한
뚜렷한 목적의식이 없기 때문이다.
목적의식이 없다는 것은
자신이 어떤 책을 읽어야 하는지,
어떻게 적용해야 하는지 등에 대한
체계적인 정리가
되어 있지 않다는 말이다.
책읽기에 명확하고 상세하며
생생한 목표를 부여할 수 있다면
목표를 향한 자동 메커니즘이
작동할 것이다.
찾아내야 할 해답을 염두에 두고
창조적인 책읽기를 시작하라.
자신이 추구하는 목표가 무엇인지
정신을 온전히 집중하라.
그래야만 책과 진정한 대화를
시작할 수 있다.

FOCUS THINKING

목표와 시스템이 없는 책읽기는 실패한다

사람에게는 본능적으로 무엇인가를 추구하려는 성향이 있다. 그것을 '목표지향 메커니즘'이라고 한다. 이는 삶을 유지할 수 있는 힘의 근원이다. 목표가 분명하면 극한의 상황에서도 생존을 유지할 수 있는 동기를 부여할 수 있다. 성공이란 바로 그러한 가치를 추구하는 삶이며, 그 가치를 잃지 않고 계속 유지하는 것이 바로 성공의 비결이다.

우리의 삶은 확고하고 가치 있는 목표를 추구할 때 빛을 발할 수 있다. 분명한 목표의식은 스스로 목표를 자동 추적하는 미사일과 같은 것이다.

책이 자신에게 제대로 도움을 주지 못하는 가장 큰 이유는 바로 왜 책을 읽으려고 하는지에 대한 뚜렷한 목적의식이 없기 때문이다. 목적의식이 없다는 것은 자신이 어떤 책을 읽어야 하는지, 어떻게 적용해야 하는지 등에 대한 체계적인 정리가 되어 있지 않다는 말이다.

잠시 생각해보자. 당신이 책을 선정할 때의 기준은 무엇인가? 어떤 방식으로 정리해 활용하고 있는가? 얼마 전에 읽었던 책이 지금 자신에게 어떤 영향을 끼치고 있는가? 책읽기가 자신의 삶에 도움이 되고 있다고 생각하는가?

다행스럽게도 해답은 멀리 있지 않다. 그 답은 이미 내 안에 있다. 조금만 정신을 집중하면 어렵지 않게 답을 찾을 수 있다. 로뎅은 "돌덩이 속에 생각하는 사람이 존재한다"고 말했다. 그러니 내가 지금 책을 아무렇게나 생긴 돌덩이처럼 보고 있는가, 아니면 돌덩이 속에서 생각하는 사람을 찾아내고 있는가를 알면 된다.

책읽기에 명확하고 상세하며 생생한 목표를 부여할 수 있다면 목표를 향한 자동 메커니즘이 작동할 것이다. 찾아내야 할 해답을 염두에 두고 창조적인 책읽기를 시작하라. 자신이 추구하는 목표가 무엇인지에 정신을 온전히 집중하라. 그래야만 책과 진정한 대화를 시작할 수 있다.

'GIGOGarbage In Garbage Out'라는 조어가 있다. 이 말은 '쓰레기 같은 정보를 넣으면 결과물도 쓰레기에 불과한 것이 나온다'는 뜻이다. 실패하는 사람들의 공통점은 자기 자신에 대한 잘못된 그림을 가지고 있다는 것이다. 잘못된 자아에 대해 별다른 의심, 극복하려는 의지와 노력이 없다면 책읽기 역시 무용지물이다.

과거의 부정적인 환경과 실패의 경험 등은 자신의 진정한 모습이 아니다. 그럼에도 불구하고 그러한 제한 속에 자신을 가두어둔다면 더 이상 발전을 기대하기 어렵다. 지금부터라도 자신에 대한 구체적이고 긍정적인 그림을 그려야 한다.

자신은 자신만의 기준으로 판단해야 한다. 다른 사람의 잣대를 자신에게 적용하는 것은 바보짓이다. 내가 남보다 무엇이 부족한가를 고민하는가? 열등감과 우월감은 동전의 양면과 같다. 그들의 기준으로 나를 비교하려 들지 마라. 나는 결코 그들이 아니며, 비교할 수 없는 나만의 가치가 있다. 찰스 다윈이 한 말을 기억하라.

> "바보들을 빼면 인간의 지능은 별 차이가 없다고 늘 생각해왔다."

가장 중요한 진실은 '변할 수 있다는 것', 바로 이것이다. 자기 자신에 대한 이미지를 바꾸면 놀라운 변화가 시작된다. 자기 혁신은 자아 이미지를 바꾸는 것에서 출발한다. 자신에 대한 긍정적인 믿음을 가짐으로써 실질적인 변화를 이끌어낼 수 있다. 그렇지 않으면 아무것도 변하지 않는다.

책읽기는 목적지를 향해 먼 길을 떠나는 것이다. 포기하지 않고 원하는 목적지에 도달하려면 에너지를 유지시키고 스스로 발전이 가능한 시스템이 구축되어 있어야 한다. 기분 내키는 대로 불규칙적으로 책을 읽는 것은 오히려 기회비용만 발생시킬 뿐이다. 제대로 하지 않으려면 차라리 시작하지 않는 편이 더 낫다. 아무런 도움이 되지 않는 책읽기를 하느니 다른 일에 에너지를 더 집중하라. 시스템을 정립하는 것은 에너지를 생산하고 헛된 곳에 쓰이지 않도록 하는 발전소를 짓는 것과 같다.

FOCUS THINKING

책은 사람이다

자신의 인격과 행동, 가치관을 형성하는 전제이자 기초를 어떻게 만들 것인가? 그리고 자신의 한계를 극복하기 위해서는 무엇이 필요한가? 불가능을 가능으로 바꿀 수 있는 가장 좋은 방법은 무엇인가?

답은 사람을 만나는 것이다. 자신에게 지혜와 방향을 제시해줄 수 있는 사람을 만남으로써 그런 문제들을 해결할 수 있다. 우리는 가장 지혜로운 사람을 만나기 위해 책을 읽는 것이다. 책 속에서 세상의 모든 사람을 만나고, 그들과 이야기를 나눌 수 있다. 그러므로 책은 사람이다. 책을 사람으로 이해할 수 있을 때 진정한 책읽기가 시작되는 것이며, 책 속의 인물들과 진지한 대화를 나눌 수 있다.

한 권의 책 속에 저자는 자신이 만난 수많은 사람을 녹여낸다. 책을 읽는 목적과 방법은 바로 '책은 사람이다'라는 명제에서 출발한다. 책을 통해 우리는 저자가 풀어놓은 사람을 만나는 것이다. 사람을 만나면 무엇을 하는가? 단순히 만나는 것으로 만족하는가? 아니다. 그 사람을 만나서 무엇을 하느냐가 중요하다. 책을 읽는 가장 중요한 목적은 책 속의 사람들을 만나 그들이 말하는 삶의 지혜와 노하우를 배우기 위해서다. 즉 그들의 삶을 모방하는 것이다.

모방에는 2가지 단계가 있다. 무작정 그대로 베끼기에서 창의적 모방으로 이어지는 것이다. 그대로 베끼는 과정이 있어야 창의적 모방이 가능하다. 아기가 태어나면 부모의 말과 행동을 그대로 따라하는 과정을 거친다. 아기에게는 부모가 자신이 배워야 할 전부다. 부모의 됨됨이는 아기에게 절대적인 영향을 미친다. 붕어빵이 나올지 국화빵이 나올지는 빵틀이 어떤 모양이냐에 따라 달라지는 것과 같다. 이처럼 인생은 어떤 사람을 자신의 롤모델로 정하느냐에 따라 달라지는 경우가 많다.

무작정 베끼기의 다음 단계가 창의적 모방이다. 모방을 하되 자신의 삶에 적합하게 가공하거나 변형해 적절하게 활용하는 단계다. 이 수준에 이르려면 지식의 수집, 가공, 활용을 위한 체계적이고 시스템적인 노하우가 필요하다. 그리고 무엇이 중요한 것인지 분별할 수 있는 안목이 있어야 한다.

정리해서 말하자면, 책을 읽는 목적은 책 속에서 사람을 만나 자신에게 필요한 지혜와 지식, 정보를 배워 자신에게 체계적으로 적용하기 위함이다. 이것이 바로 책읽기의 전제이며 목적이다.

책읽기를 잘하기 위해서는 자신이 무엇을 필요로 하며, 어디에서 어떤 방법으로 누구를 만날 것인지에 대해 알고 있어야 한다. 책은 사람이라는 절대 명제를 잊어서는 안 된다.

FOCUS THINKING

선택과 집중이 중요하다

한번은 책읽기 모임의 한 멤버가 1년 동안 자신이 읽을 책 목록을 가져와 나에게 조언을 구한 적이 있었다. 그가 가져온 100여 권의 책 목록은 참으로 다양한 분야가 총망라되어 있었다. 심리학, 경제학, 자기계발, 협상, 글쓰기, 비즈니스 등 모든 분야가 다 들어 있었다. 나는 그가 가져온 목록을 보고 그가 무엇에 집중하고 싶은지 감을 잡을 수 없었다. 그 사람에게 이렇게 물었다.

"도대체 당신이 하고 싶은 분야는 무엇입니까?"

그는 새로운 직업을 찾고 있는 중이었기에 시간이 넉넉하지만은 않은 상황이었다. 물론 목록에 포함된 여러 분야의 책들이, 살다 보면 다

필요한 내용이긴 하지만 그에게는 현재 집중해야 할 목표가 무엇인지가 더 중요했다. 나는 그에게 이런 제안을 했다.

"올해 집중적으로 파고들 한두 분야만 선택해 그 분야에서 최고 수준의 마스터가 쓴 책 10권씩을 선정해보세요."

다행히 그는 내 말 뜻을 이해했다. 얼마 후 그가 다시 선정한 책 목록을 검토한 다음 추가 제안을 했다.

"이 책들을 10번씩 반복해서 읽어보세요. 그러면 눈이 한 꺼풀 벗겨질 겁니다."

책읽기는 자신의 인생을 설계하고 삶을 구조 조정하는 일이다. 끊임없이 자기계발을 위한 책을 읽으면서 스스로 인생 방향에 대한 고려가 없다면 책읽기는 아무 의미 없는 행위일 뿐이다. 어떤 지식을 습득해야 하는지, 무엇이 중요한 것인지, 무엇을 버려야 할 것인지 등에 대한 판단 기준도 없이 어떻게 책을 읽는단 말인가?

일단 베스트셀러라면 믿음이 가는가? 오해하지 말기 바란다. 베스트셀러는 나의 기준이 아닌 타인의 기준일 뿐이다. 남들이 선택한 것을 나에게도 똑같이 중요하다고 여기는 것은 좋은 선택이 아니다. 한 권의 책이 인생에 막대한 영향을 끼칠 수 있다는 점에 동의한다면 책을 선택하는 데 매우 신중할 필요가 있다.

앞에서 말했듯이 책읽기가 인생을 가치 있는 방향으로 만들어가는 일이라면 자신이 어떤 삶을 살 것인지부터 정하는 것이 순서다. 책읽기를 위한 접근 순서를 설명하기 전에 일단 자신의 삶의 목적에 부합하는 책을 읽어야 한다는 것을 강조하고 싶다. 어떤 책을 읽느냐는 어떤 사람을 만나느냐와 동의어임을 다시 한 번 염두에 두기 바란다.

책을 통한 인생의 지식경영은 자신의 삶과 일관성을 유지하는 것이 참으로 중요하다. '어떤 책을 읽느냐'는 것은 '어떤 삶을 살 것이냐'와 같은 의미다. 방향을 정해야 한다. 방향도 없이 책을 읽는 것은 핸들도 없이 액셀러레이터를 무작정 밟아대는 것과 다를 바 없다. 높은 산을 오르는데 지도도 없이 도전한다면 조만간 조난당할 확률이 크다.

선택과 집중 방식의 책읽기를 하기 위해서는 주제별 혹은 저자별 책읽기를 하는 것이 좋다. 주제별, 저자별 책읽기란 자신이 집중할 한 분야 혹은 한 사람을 선택해 집중적으로 학습하는 것이다. 순서는 다음과 같다.

첫째, 어떤 분야를 집중적으로 읽을 것인지 결정하라. 그 분야에서 최고 전문가가 누구인지 파악해 몇 사람을 선정하라.

둘째, 정해진 범위 안에서 그들이 쓴 최고의 책을 10~20권 정도 선정하라.

셋째, 선정된 책을 10번 이상 반복해서 읽어라.

넷째, 반복해 읽으면서 중요한 것을 추려내어 정리하라. 거기에 자신의 생각을 포함시켜라.

다섯째, 정리된 것을 통합하라. 통합하는 최선의 방법은 자신만의 언어로 책을 쓰는 것이다.

이 과정을 충실하게 수행하는 데 필요한 시간은 길어야 2~3년이면 충분하다. 하지만 그 과정을 통해 자신은 전문가 수준으로 거듭날 수 있다. 단기간에 지식의 체계화 및 활용 능력을 극대화할 수 있는 가장 좋은 방법이다.

다시 한 번 강조한다. 책읽기는 사람을 만나는 것이고, 똑똑한 책읽기란 사람을 지혜로운 방법으로 만나는 것을 의미한다. 어떤 사람을 만날 것인지, 어떻게 그들의 노하우를 습득할 것인지를 생각해야 한다.

구체적인 방법을 계속 배워보자.

4장
자신의 강점을 포착하라

자기 삶의 경영자가 되려면
주도적인 자아의식을 가져야 한다.
자신을 하나의 기업이라고 생각하는
'나 주식회사'를 설립해야 한다.
나 주식회사를 운영하려면
전략이 필요하다.
경쟁에서 이기려면 가장
잘할 수 있는 분야를
선택하는 것이 유리하다.
성공은 자신의 강점을 발견하고
자신의 모든 에너지를
그 강점에 집중해 탁월한 경쟁력을
확보할 때 비로소 얻을 수 있다.
99%의 노력이 빛을 발하려면
반드시 1%가 채워져야 한다.
이 1%가 바로 자신의 강점에
집중해야 함을 상징하고 있는 것이다.
책읽기의 목표는 자신만의
강점을 찾아내고 그것을
집중적으로 연마하는 것이다.

FOCUS THINKING

'나 주식회사'를 설립하라

모든 사람에게 인생은 딱 한 번뿐이다. 허투루 살기에는 너무나 짧고 소중한 시간이다. 자신의 행동과 결정에 대해서는 스스로 책임을 져야 한다. 그러므로 내 인생의 경영자는 나 자신이다. 자기 인생에 대한 경영자 의식이 없는 사람들은 다른 사람의 사명을 위해 자신을 바치는 종속적인 삶을 살게 된다.

자기 삶의 경영자가 되려면 주도적인 자아의식을 가져야 한다. 자신을 하나의 기업이라고 생각하는 '나 주식회사'를 설립해야 한다. 1인 기업으로 시작하지만 시간이 흐르면서 이해관계자가 많아진다. 자신의 결정이 자신에게만 영향을 끼치는 것이 아니라 주변 사람들에게 크든 작든 영향을 끼치게 된다.

나 주식회사를 운영하려면 전략이 필요하다. 최고경영자로서 어떤 회사로 만들어나갈 것인지 결정해야 한다. 이것이 사명선언문이었다. 사명선언문이 완성되었으면 경쟁력을 갖춰야 한다. 경쟁에서 이기려면 가장 잘할 수 있는 분야를 선택하는 것이 유리하다. 즉 자신의 핵심 역량이 무엇인지 정확하게 파악해야 한다.

핵심역량이란 남들보다 우월한 자신만의 재능 혹은 강점을 말한다. 성공은 강점을 발견하고 자신의 모든 에너지를 그 강점에 집중해 탁월한 경쟁력을 확보할 때 비로소 얻을 수 있다. 그렇다면 내면에 숨겨진 자신의 강점은 어떻게 찾을 수 있을까? 물론 그리 쉬운 일은 아니다. 하지만 다음과 같은 질문을 통해 짐작해볼 수 있다.

- 나는 어떤 일에 즐거움을 느끼는가?
- 가장 깊이 몰입할 수 있는 일은 무엇인가?
- 스스로 하고 싶어 기다려지는 일은 어떤 것인가?
- 평소 어떤 일을 할 때 아이디어가 샘솟는가?
- 자신이 가장 잘할 수 있는 분야는 무엇인가?

기업의 마케팅 전략을 수립할 때 가장 기본적으로 쓰이는 분석기법이 바로 SWOT 분석이다. SWOT 분석은 자신의 강점과 약점, 그리고 외부환경에 따른 기회와 위협 요인을 분석하는 것이다. 이것을 개인에게도 그대로 접목시킬 수 있다. 다음 표에 자신에 관한 내용을 구체적

구분	자기 자신의 강점과 약점을 분석
강점 (strength)	
약점 (weakness)	

구분	자신을 둘러싸고 있는 외부환경 분석
기회 (opportunity)	
위협 (threat)	

으로 채워보자.

SWOT 분석은 자신의 강점과 약점을 외부 경쟁자와 비교하고 분석해 자신만의 상대적인 강점을 어떻게 활용할 수 있는지, 그리고 자신의 상대적인 약점을 어떻게 보완하거나 방어할 수 있는지를 분석하기 위한 기법이다.

이때 강점과 약점은 스스로 강화하거나 보완할 수 있지만 외부환경은 자신이 통제할 수 있는 영역이 아니다. 다만 적절하게 대응할 수 있는 방안을 모색해야 한다. 자신의 강점과 약점, 그리고 자신을 둘러싸고 있는 외부환경에 대한 분석을 끝냈다면 이제 다음의 표와 같은 양식을 만들어보자.

구분	강점(strength)	약점(weakness)
기회 (opportunity)	자신의 강점을 기반으로 기회를 극대화할 수 있는 방안은 무엇인가?	약점을 보완해 기회를 살릴 수 있는 전략은 무엇인가?
위협 (threat)	외부의 위협 요소를 극복할 수 있는 방안은 무엇인가?	약점을 보완하면서 동시에 위협을 회피하거나 최소화할 수 있는 전략은 무엇인가?

SWOT 분석을 했다면 그중에서 자신의 사명선언문에 근거해 추구하는 목적달성의 중요성, 실행가능성, 그리고 남과 다른 차별성을 고려해서 자신의 상황에 가장 적합한 전략을 선택한다. 이 과정에서 자신에게는 기회 혹은 강점이 없다고 실망하는 사람은 미래를 개척하지 못하는 사람이다. 누구에게나 기회는 주어지지만 그것을 발견하지 못하고 있는 것일 뿐이며, 자신의 강점을 진지하게 찾아보려고 하지 않기 때문에 그런 생각을 하게 되는 것이다.

일반적으로 사람들은 타인에 대해서는 정확한 판단을 내리면서 정작 자기 자신에 대해서는 제대로 이해하지 못하는 경우가 많다. 스스로에 대해 가장 잘 알아야 하는 사람은 자기 자신이다. 인생은 짧은데 왜 무의미한 것에 시간과 에너지를 낭비하고 있는가? 그것은 자신에 대한 정확한 분석을 하지 않았기 때문이다. 자신의 삶에 보다 더 진지해져야 한다.

제대로 된 책읽기는, 즉 책을 통해 진지한 대화를 하기 위해서는 무엇보다 자신이 어떤 생각을 하고 있으며 어떤 삶을 살기를 바라는지 뚜렷한 방향을 설정하는 것이 순서다. 가치 있는 삶이란 그냥 주어지는 것이 아니다.

인생에서 중요한 일 중심으로 우선순위를 정하려면 분명하지 않은 것을 분명하게 만들어야만 한다. '나에게 필요한 것은 무엇인가?' '누가 나를 도와줄 수 있는가?' 이것이 바로 책을 대할 때 가장 중요한 질문이다. 자신에 대해 솔직해져 진실을 대하게 되면 길이 열릴 것이다.

FOCUS THINKING

1%의 강점에 집중하라

"천재는 1%의 영감과 99%의 노력으로 만들어진다."

무엇을 강조하는 말인가? 더 열심히 노력하라는 말인가? 얼마나 열심히 노력하라는 말인가? 과거에도 그랬고 지금도 최선을 다하고 있는데 얼마나 더 열심히 하란 말인가? 99%의 노력이 중요한가, 아니면 1%의 영감이 중요한가? 에디슨은 어디에 악센트를 주며 이런 말을 했을까?

에디슨의 의도는 상관없다. 이 말을 뒤집어 생각해보자. 99%의 노력을 기울인다 하더라도 1%의 영감이 없다면 헛수고가 될 수 있다는 말이 된다. 우리는 '방향 없는 99%의 노력'으로 성취를 이루려는 시도는 더 이상 계속하지 말아야 한다는 것에 합의를 하기로 하자.

중요한 것은 1%다. 이것이 핵심이다. 이 1%가 바로 자신의 강점에 집중해야 함을 상징하고 있는 것이다. 99%의 노력이 빛을 발하려면 반드시 이 1%가 채워져야 한다. 99%의 노력을 어떤 방향으로 기울일 것인지는 1%의 성격에 달렸다. 화룡점정畵龍點睛이란 말도 바로 1%의 중요성을 강조하고 있는 것이다.

자신의 강점이 무엇인지 알지 못하거나 강점에 집중하지 못하면 그 어떤 노력도 무위에 그치고 만다. 책읽기의 방향은 자신의 1% 강점을 극대화하는 것이어야 한다. 그것이 단기간에 원하는 수준으로 역량을 업그레이드 하는 비결이다. 선택과 집중, 이것이 성공을 위한 가장 확실한 방법이다.

무엇이 지금 당신을 가로막고 있는가? 왜 더 이상 발전하지 못하는가? 그것은 약점에 발목을 잡혀 있기 때문이다. 한계란 대부분 스스로 설정한 것이며, 그 속에 자신을 구속하기 때문에 헤어나지 못하는 것이다. 진정한 발전은 약점을 보완하는 것이 아니라 강점을 더욱 강하게 만듦으로써 이룰 수 있다. 자신의 강점을 다른 사람이 따라올 수 없을 정도로 탁월한 수준으로 끌어올려야 한다. 이것이 성공하는 인생의 비결이다.

자신의 강점은 타고난 것과 후천적으로 만들어지는 것이 각각 50%다. 타고난 강점을 집중적으로 계발하지 않거나 후천적으로 없는 재능을 발굴하려는 경우에는 실패할 수밖에 없다. 타고난 강점을 기반으로 자신의 영역을 확보하라. 인생이란 자기만의 색깔이 있는 영토를 만드는 일이라는 사실을 명심하라. 누구든 티고난 자신만의 색깔이 있게 마련이다. 그 색깔을 선명하게 하는 것이 바로 성공한 인생이다.

다음 이야기를 통해 강점에 집중하는 것이 얼마나 중요한지 생각해 보도록 하자.

> 가젤은 아프리카 초원에 사는 초식동물이다. 언제나 치타나 사자, 하이에나 등의 먹잇감이 되는 가젤 가운데 한 마리가 어느 날 자신의 처지를 한탄하다 무언가 변화가 필요하다고 생각했다.
> 가젤은 치타나 사자가 자신들을 공격하는 원인이 무엇인가 곰곰이 생각했다. 그러고는 자기보다 더 날카로운 이빨과 강한 힘이 있기 때문이라고 결론을 내렸다. 가젤은 살아남으려면 그들보다 더 강한 힘과 날카로운 이빨을 가져야만 한다고 생각했다.
> 가젤은 그날부터 자신을 더 강하게 만들 수 있는 프로그램을 만들었다. 먼저 근육의 힘을 키우기 위해 풀이 아닌 육식으로 식단을 바꿨고, 매일 무거운 것을 들어 올리는 운동을 했다. 그리고 돌에 자신의 이빨을 매일 갈고닦아 날카롭게 다듬는 노력을 기울였다. 그러나 그 가젤은 얼마 지나지 않아 사자의 공격을 받자 다른 가젤보다 더 빨리 잡아먹히고 말았다.

가젤은 태생이 전혀 다른 육식동물과 동일한 경쟁을 하려고 했다. 결과는 보나마나 무조건 실패할 수밖에 없는 것이었다. 힘이나 이빨의 날카로움은 가젤에게는 치명적인 약점이다. 약점을 보완해서 경쟁하려는 것이 얼마나 무모한 것인지 이 이야기를 통해 충분히 알 수 있다. 가젤의 강점은 예민한 후각과 청각, 그리고 재빠르게 도망갈 수 있는 민첩함이다. 그러니 가젤은 예민한 감각과 더 빠르고 오래 달릴 수 있는 능력을 강화했어야 했다.

어떤가? 가젤의 모습이 혹시 지금의 내 모습과 비슷하지 않은가? 세상의 생존경쟁에서 살아남기 위해 나는 어떤 경쟁력을 가지고 있는가? 나보다 월등하게 뛰어난 다른 사람들과 같은 조건에서 싸워 이길 수 없다. 절대 이길 수 없는 게임은 하지 마라. 내 강점을 중심으로 싸울 수 있게 게임의 룰을 만들어놓고 싸워야 한다. 그것이 성공전략이다.

약점을 보완해서 이기려는 시도는 바보 같은 짓임을 알아야 한다. 성공하는 사람들의 공통점은 자신이 가진 강점으로 승부한다는 것이다. 강점이란 잘하는 것 이상의 그 무엇이다. 비범함 혹은 탁월함이라는 수식어를 붙일 수 있어야 한다. 탁월함은 무작정 연습을 많이 한다고 해서 만들어지는 것이 아니다. 타고난 능력과 후천적인 훈련이 결합되어야 한다.

"천재는 1%의 영감과 99%의 노력으로 만들어진다"는 말의 의미가 바로 이것이다. 1%의 영감이란 것은 타고나는 것이다. 거기에 99%의 후천적 노력이 결합되어야만 비범하고 탁월한 성과를 얻을 수 있다.

가젤에게도 예민한 후각과 민첩함이라는 강점이 있듯이, 모든 사람에게는 저마다 타고난 강점이 있다. 자신의 사명이 강점과 결합되고 노력이라는 양념이 버무려진다면 성공적으로 가치 있는 삶을 살 수 있는 가능성이 매우 커진다.

진정한 프로페셔널이 되는 길이 여기에 있다. 프로는 자신이 하는 일에 모든 것을 거는 사람이다. 반드시 승리하지 않으면 안 된다는 생각을 가지고 임한다. 프로야구에서 홈런을 날리기 위해서는 공을 반드시 방망이의 스위트스폿에 맞춰야 한다. 약간이라도 벗어나면 파울이 되거나 평범한 플라이가 되기 십상이다. 힘을 강하게 주지 않아도 공이 스위트스폿에 제대로 맞으면 홈런이 될 수 있다. 스위트스폿이 바로 최적의 힘을 발휘하는 포인트다.

강점에 집중하는 것은 자신의 삶을 최적의 스위트스폿에 맞추는 것이다. 책읽기의 목표는 탁월한 실력을 갖춘 프로가 되는 것이다. 자신만의 강점을 찾아내고 그것을 집중적으로 연마하는 것이다.

FOCUS THINKING

자신의 한계를 넘어서라

질문은 발전의 원동력이라고 했다. 자신의 한계를 극복하기 위한 가장 좋은 방법은 질문을 하는 것이다. 미래에 대한 확신이 없거나 무엇을 해야 할지 도무지 길을 찾을 수 없다면, 혹은 지금 하는 일이 정말 자신의 재능과 강점을 발휘할 가치 있는 일인지 판단이 서지 않는다면 질문을 던져보자.

'나 자신을 통째로 던지고 싶은 분야가 무엇인가?'

앞으로 무엇을 할 것인가? 한 가지 다행스러운 것은 이 글을 읽고 있는 당신은 아직 무엇인가 할 수 있는 시간이 남아 있다는 사실이다. 도전은 사람을 성장하게 하고 발전시킨다. 무엇인가 배우고자 한다면 직접 도전하는 것보다 더 좋은 학습도구는 없다. 도전은 자신의 재능을 활용할 수 있을 때 성공확률도 높아진다. 그리고 인생의 다음 단계로 나아가게 해주는 역할을 한다.

그렇다면 어떤 도전을 할 것인가? 어디에서 어떻게 자신의 인생을 걸고 시도해볼 수 있는 일을 찾을 것이냐, 시행착오를 줄일 수 있는 방법을 배울 수 있을까? 아무렇게나 돈키호테처럼 몸을 던지는 것은 참으로 어리석은 짓이다. 치밀하고 똑똑하게 실패할 확률을 최소화시킬 수 있는 길을 찾아야 한다. 바로 그 길이 책읽기라는 것은 더 이상 강조할 필요가 없다. 책읽기를 도전적으로 해보자. 결코 쉽지 않은 목표를 세우고 집중적이고 체계적으로 해야 한다.

인생에서 가장 비참한 후회는 자신에게 주어진 기회에 대해 아무런 시도조차 하지 않았음을 깨달았을 때 하게 될 것이다. 우리를 절망에 빠뜨리는 것은 불가능할 때가 아니라 우리가 미처 깨닫지 못한 가능성이 있었음을 알게 되었을 때 찾아온다.

지금 질문을 던져보라.

'지금 무엇을 해야 하는가?'

'궁극적으로 무엇이 변화를 이끌 수 있을까?'

매우 어려운 난관에 봉착해 무릎을 꿇기 직전이라면, 이 난관을 헤쳐 나갈 자신감을 상실했다면 어떤 질문을 던질 것인가? "나는 할 수 없어"라고 말하지 말고 "왜 나는 할 수 없다고 생각하지?"라고 질문하라. 할 수 없다고 생각하는 타당한 이유가 있는가? 지금 상황에서 내가 아닌 다른 제삼자라도 같은 결론을 내릴까? 아마 그렇지 않을 것이다. 패턴화된 사고, 표준화된 의사결정, 습관화된 패배의식을 깨부수어야 한다.

자신의 한계를 깨부수지 못하고 가치 있는 도전을 방해하는 심리의 밑바닥에는 근거 없는 두려움이 숨어 있다. 그런 두려움을 극복하는 방법은 아주 간단하다. 지금 인생의 마지막 순간에 와 있다고 생각하는 것이다. 그리고 현재 시도하려는 도전을 나의 묘비에 써넣는다고 생각하라.

내 인생을 한 줄로 묘비에 새겨 넣는다면 지금 무엇을 할 것인가? 이것을 위해 모든 것을 포기했노라 말할 수 있는 바로 그런 일을 해야 하지 않을까? 그렇게 마음먹는다면 어떤 두려움도 걸림돌이 될 수 없다. 어떠한 한계도 자신을 구속할 수 없다.

삶의 의미를 찾아야 한다는 주제는 인류 역사상 가장 중요하고 오래된 화두였다. 내 삶의 주제는 무엇일까? 이제는 결정을 해야 한다. 인생은 둘 중에서 하나를 선택하는 것이다.

"하겠다." VS "하지 않겠다."

무엇을 할 것이며, 무엇을 하지 않을 것인가를 결정해야 한다. 그에 대한 기준은 사명선언문이다. 자기만의 가치창출에 몰입하지 못하는 삶은 공허한 질주이며 무의미한 싸움일 뿐이다. 당신에게는 무엇이 문제인가?

TIP

사명과 비전을 설정하기 전에 자신의 삶에 감사하라

명확한 삶의 비전과 목표가 없는 사람들에게 책읽기는 의미 없는 일이 되기 쉽다. 책을 읽는 것은 자신의 삶에 어떤 의미 있는 것을 채우려는 것이다. 따라서 책읽기의 주제와 방향은 삶의 방향과 일치해야 한다.
비전이란 사명대로 살았을 때의 최종 목표를 말하며, 목표는 비전을 향해가는 과정에서의 성취를 말한다. 따라서 사명 없는 비전이란 실체가 없는 것이고, 목표 역시 방향을 잃은 것이나 다름없다. 사명이란 삶을 총체적으로 이끌어가는 개인의 헌법이자 가치관이다.

명확한 사명과 비전이 없는 사람들에게는 한 가지 공통점이 있다. 그들의 삶 속에는 진지한 감사함이 없다는 것이다. 감사함 없이 살아가면 눈앞의 현실과 끝없는 욕구만 따라오게 된다. 내 삶의 목표와 목적을 찾는다면, 내 삶에서 참으로 감사한 것은 무엇인지부터 생각하는 것이 순서다.
자신이 살아 있다는 사실에 대한 감사함 없이 어떻게 삶의 목적을 찾을 수 있겠는가? 아직 살아 있다는 것은 자신이 아직 해야 할 일이 남아 있다는 증거며, 거기에서 본질적 역할인 사명과 비전을 찾아야 한다. 감사함에서 출발해 사명과 비전에 충실한 삶이 바로 목적 있는 삶이다.

그렇다면 무엇이 감사한 것인지 생각해보자. 심각한 좌절과 실패 속에서도 아직 살아갈 날이 남아 있다는 것은 아직 신이 자신을 버리지 않았다는 확실한 증거다. 신이 나를 버리지 않았는데 감사하지 않을 것이 무엇인가? 아직 게임이 끝나지 않았다는 사실보다 더 크게 감사할 일이 무엇인가?
가슴 벅찬 감사함의 근거를 발견할 수 있다면 넘어진 바로 그곳에서 가장 가까운 곳에 자신의 사명과 비전이 존재함을 깨닫게 될 것이다. 신념이란 그러한 사실에 대해 확신을 갖는 마음이다.

5장
인생의 제2막을 그려라

사람들은 자신의 재능이
무엇인지 알지 못하는 부화기와
재능을 발견한 후 작은 성공을 거두는
성장기, 그리고 가치 창조를 경험하는
2막 인생이라 할 수 있는
3단계 과정을 거치게 된다.
이 과정은 결코 순탄하지 않다.
끝없는 좌절과 실패를 이겨내는
재도약의 과정을 거치면서
발전하는 것이다.
좌절과 실패를 이겨내지 못하고
무너지는 경우가 재도약에 성공하는
경우보다 훨씬 더 많다.
가장 큰 이유는 현재 하는 일이
자신의 삶의 가치를 실현시켜
줄 수 있는 일이 아니기 때문이다.
자신에게 주어진 업무를
자신의 미래를 위한 훈련 과정이라고
생각한다면 그 자체가 자기계발을 위한
자발적인 동기부여가 된다.
단기, 중기, 장기 목표를 설정하고
실천 전략을 수립해야 한다.

FOCUS THINKING

자신의 현재 위치는 어디인가?

나의 믿음과 행동을 변화시키는 데 효과를 발휘하려면 절실한 감정과 욕망이 필요하다. 자신이 지향하는 목표는 자신에게 달려 있다. 그러므로 자신이 무엇을 원하는지 깨달아야 한다. 진정으로 원하는 것이 무엇인지 모르고 사는 것은 눈을 감고 야구 배트를 휘두르는 것과 다름없다.

공에서 눈을 떼지 마라. 끝까지 집중력을 유지해야 한다. 미래에 대한 걱정에 사로잡히지 말고 자신이 그리는 인생의 최종 목적지를 생각하라. 거기에서 눈을 떼지 않는다면 반드시 제2막이 열린다. 지금 해야 할 일은 극적인 터닝포인트를 위해 치밀하게 준비하는 것이다.

❖ **라이프 사이클**

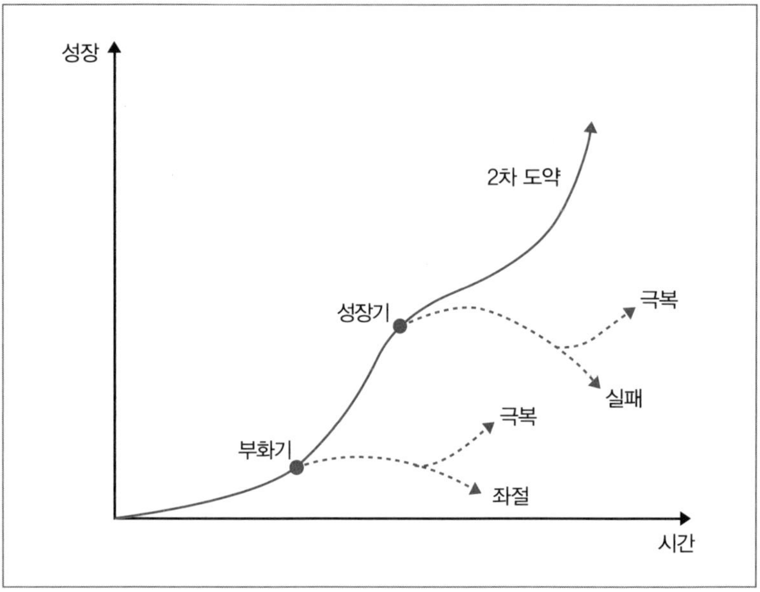

위의 그림을 통해 사람들의 삶이 대체로 어떻게 변하는지 살펴보자.

인생에는 많은 굴곡이 있게 마련이다. 끊임없이 목표를 추구하는 사람들은 인생의 재조정 단계에서 수차례의 굴곡을 경험한다. 사람들은 자신의 재능이 무엇인지 알지 못하는 부화기와 재능을 발견한 후 작은 성공을 거두는 성장기, 그리고 진정한 자아 발견과 가치 창조를 경험하는 2막 인생이라 할 수 있는 3단계 과정을 거치게 된다. 인생의 부화기, 성장기, 2차 도약기의 과정은 결코 순탄하지 않다. 끝없는 좌절과 실패를 이겨내는 재도약의 과정을 거치면서 발전하는 것이다.

누구나 살다 보면 작은 성공을 경험하게 된다. 그 시기를 성장기라고 부를 수 있다. 그러나 이 시기는 2막 인생이 아니다. 진정한 2막은 성장기 이후의 2차 도약기 혹은 실패를 이겨내고 재도약을 거친 후에 온다. 인생은 끊임없는 구조 조정을 거치면서 자신의 진정한 핵심역량을 발견하고 단련하게 된다.

시간의 대부분을 투자하는 자신의 현재 직업을 재검토해보자. 자신의 핵심 가치관인 사명선언문을 실현하는 데 적합하지 않거나, 목표를 향해 나아가는 데 발전가능성이 없는 직업에 종사하는 것은 인생을 낭비하는 일이다. 직업을 선택하는 것은 매우 중요한 문제다. 직업은 자신의 삶에 주어진 시간 중 가장 큰 비중을 차지하고 있기 때문에 가급적이면 사명선언문의 가치와 일치하는 것이 좋다.

표에 나타난 라이프 사이클처럼 인생은 시간이 지난다고 무조건 성장하는 것은 아니다. 좌절과 실패를 이겨내지 못하고 무너지는 경우가 재도약에 성공하는 경우보다 훨씬 더 많다. 그 이유가 뭘까? 가장 큰 이유는 현재 하는 일이 자신의 삶의 가치를 실현시켜 줄 수 있는 일이 아니기 때문이다.

그렇기 때문에 중도에 포기하거나 어려움에 닥쳤을 때 무너지는 것이다. 한마디로 말하자면 자신의 인생을 걸고 할 만한 일이 아닌 것이다. 그런 일에 시간의 대부분을 할애한다는 것은 굉장히 위험한 일이 아닐 수 없다. 한 번뿐인 인생을 그렇게 낭비한다는 것은 참으로 안타까운 일이다.

FOCUS THINKING

일과 사명을 일치시켜라

사람들은 항상 시간이 부족하다고 한다. 그래서 책 읽을 시간도 없고 언제나 허둥지둥하며 살아간다. 이 책을 읽는 당신 역시 그럴 것이다. 현대인들의 공통된 특징이 바로 시간이 없다며 투덜거리는 것이다. 그렇다면 어떻게 해야 할까? 단순하게 생각해보자. 자신의 일과 사명이 일치하도록 하는 것이 정답이다.

일반적으로 대부분의 사람이 하루를 어떻게 보내고 있는지 시간을 나누어보면 다음과 같다.

표1 일반적인 시간 유형

1	잠자기
2	
3	
4	
5	
6	
7	
8	식사
9	
10	이동 및 대기
11	
12	업무
13	
14	
15	
16	
17	
18	
19	
20	대화
21	
22	기타 (TV, 인터넷, 오락 등)
23	
24	인간관계 등

표에서도 알 수 있듯이 정말 자기 자신을 위한 시간이 거의 없다. 일반적인 직장인들의 하루 일정이 거의 이런 형태일 것이다. 짬을 내서 책을 읽는다든지 자기계발에 시간을 할애하는 것은 이러한 일정표에서는 참으로 어려운 일이다.

이제 시간의 질을 조금 바꿔보자.

표1 일반적인 시간 유형

1	
2	
3	
4	잠자기
5	
6	
7	
8	식사
9	
10	이동 및 대기
11	
12	
13	
14	
15	업무
16	
17	
18	
19	
20	대화
21	
22	기타
23	(TV, 인터넷, 오락 등)
24	인간관계 등

→ 시간 및 에너지를 핵심에 집중

표2 시간의 질 향상

1	
2	
3	잠자기
4	
5	
6	
7	식사
8	
9	이동 및 대기
10	
11	
12	업무
13	
14	
15	대화
16	기타(휴식 등)
17	인간관계 등
18	
19	
20	
21	7시간의 여분 확보
22	
23	
24	

표1과 표2의 차이는 주어진 시간의 질을 높였다는 것이다. 잠자는 시간, 이동 및 대기시간, 기타 자투리 시간을 각각 1시간씩 줄였다. 그리고 업무 시간을 7시간에서 5시간으로 줄였다. 최대한 집중적이고 효율적으로 일을 처리하면 2시간 정도 줄이는 것은 어렵지 않을 것이다.

물론 직장인이라면 업무시간 중 자신을 위한 자기계발 학습을 한다는 것이 회사 입장에서 볼 때, 일종의 배임背任행위로 여겨질 수도 있을 것이다. 하지만 관점을 조금만 바꿔보자. 개인의 자기계발 방향과 회사가 지향하는 바가 일치하도록 노력하는 것이다. 개인의 발전 없이 회사의 발전이 가능할까? 그리고 회사의 구성원인 개인의 사명과 회사가 지향하는 바가 불일치할 경우 조직원으로서 함께할 이유가 있을까? 개인의 발전을 위한 노력이 시간 낭비로 여겨진다면 그것은 근시안적이고 장기적인 파트너십에 대한 철학이 부족한 것이다.

3M에는 15%룰이 있다. 3M을 혁신의 대명사인 회사로 만들어준 이 룰은 3M에 근무하는 사람은 누구나 자기 시간의 15%를 새로운 창조를 위해 자유롭게 이용할 수 있다는 것이다. 업무시간 8시간의 15%는 1시간이다. 각자에게 매일 주어지는 1시간의 가치가 3M을 세계적인 이노베이션 회사로 만들어준 것이다.

3M은 누구나 숨 막히게 돌아가는 일상에서 벗어나 하루에 1시간 정도는 변화를 위해 투자할 수 있어야 하며, 그런 투자가 회사의 장기적인 발전을 위한 원동력이라고 본 것이다.

자신에게 주어진 업무를 어쩔 수 없이 해야 하는 일이 아닌, 자신의 미래를 위한 훈련 과정이라고 생각한다면 그 자체가 자기계발을 위한 긍정적이고 자발적인 동기부여가 된다. 관점을 바꿔야 한다. 그렇지 않으면 직장생활은 인생을 낭비하는 헛된 시간이 될 뿐이다. 주어진 업무에서 자신의 목표를 위한 학습 요소를 찾아내야 한다. 그것이 자신이 몸담고 있는 조직과 자신이 동시에 발전하는 윈-윈 전략이다.

중요한 것은 시간은 단순히 정량적인 것만이 아니라는 사고의 전환이다. 자신에게 주어진 업무에 대해 적극적이고 목표지향적인 사고를 한다면 하루에 2시간이 아니라 그 이상의 시간과 에너지를 조직에 기여하면서 궁극적으로 자신을 위한 투자로 전환할 수 있을 것이다.

이렇게 하면 전보다 무려 7시간의 여유 시간을 만들어낼 수 있다. 하루에 7시간이라면 정말 엄청난 시간이다. 자기계발에 투자할 수 있는 충분한 시간이다. 이런 식으로 핵심 중심의 효율적인 시간 관리를 한다면 더 이상 "시간이 없어서……"라는 말은 하지 못할 것이다.

한 걸음 더 전진해보자. 최고 수준으로 시간을 배분할 수 있는 방법이 있다. 직업과 사명이 일치되도록 하는 것이다. 그렇다면 어떤 모습이 될까?

표2 시간의 질 향상 **표3 일과 삶의 방향 일치**

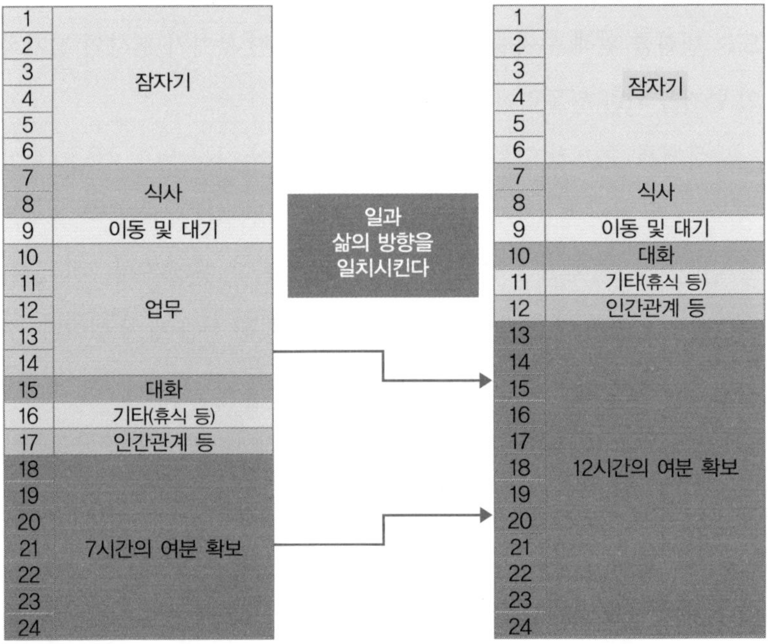

표2와 표3에서 달라진 것은 하나밖에 없다. 자신의 일을 사명선언문과 부합되도록 한 것이다. 그러면 활동하는 시간의 대부분이자 하루의 절반인 12시간을 온전히 자신의 사명에 올인 할 수 있다.

이는 직장을 그만두고 새로운 길을 가라는 의미가 아니다. 현재 직장이 자신의 사명을 실현하는 데 도움이 된다면 그 자체가 〈표3〉과 같은 삶을 살고 있는 것이다. 하지만 그렇지 않다면 직업이나 직장에 대해 깊게 고민해볼 필요가 있다.

우리의 인생에서 왕성하게 에너지를 쏟으며 일할 수 있는 시간은 20대 후반부터 30여 년 정도다. 그런데 그 시간의 대부분을 누구를 위해, 무엇을 위해 사용하는지 생각해보라. 이 시기에 몇 번의 시행착오를 겪다 보면 일을 할 수 있는 시간의 대부분이 지나가고 만다. 인생의 끝자락에 서서 자신의 삶을 돌이켜 볼 때 후회 없이 진정한 가치를 실현하기 위해 최선을 다했노라고 말할 수 있어야 하지 않을까? 그렇게 되기 위해서는 바로 지금 자신의 모습을 솔직하고 객관적으로 살펴봐야 한다.

항상 다음과 같은 질문을 던져라.

> "현재 나의 일상 업무시간은 나 자신이 선택한 목표에 접근하는데 몇 %의 비중을 차지하고 있는가?"

그리고 깊이 생각하고 대답하라.

"(   )%"

이것이 자신의 시간에 대한 생산성을 높이기 위한 핵심 질문이며 대답이다. 생각하고 질문하고 대답하라. 그리고 개선할 수 있는 방법을 찾아라.

FOCUS THINKING

삶의 로드맵 설계와 책읽기

삶의 재설계를 위한 열쇠는 하나의 업을 정하는 것이고, 그 업을 실현하기 위한 효과적인 수단으로써 책읽기를 해야 한다. 자신이 성취하고자 하는 바를 명확하게 결정하고 그 목표를 이루기 위해 책이 디딤돌이자 지렛대가 되는 것이다. 그렇다면 목표에 접근하기 위해 조금 더 구체적으로 어떤 전략과 로드맵을 설계해야 하는지 살펴보도록 하자.

목표를 향한 동기부여의 원천은 '왜?'라는 질문이다. 그것에 대한 대답을 가슴속에 담고 있어야만 힘들고 고통스러운 순간에도 굳건히 버틸 수 있는 에너지를 공급받을 수 있다.

만일 목표가 내면의 '왜?'와 깊은 관련이 없다면 잘해봐야 평범하고 무난한 정도의 결과만 얻게 될 것이다. 수시로 바뀌는 자신의 생각과 감정을 넘어 삶의 원칙과 일치하는 비전과 목표에서 비롯된 열정으로 무장해야만 가치 있는 결과를 얻을 수 있다.

'무엇'과 '왜' 사이의 일치를 이끌어냈다면, 지금부터 책읽기와 일치하는 삶의 로드맵을 '어떻게' 설계할 것인지 생각해보자. 가장 먼저 해야 할 일은 목표에 대한 성취를 단계적으로 나누는 것이다. 아무리 중요하고 반드시 이루어야 할 목표라 할지라도 한 걸음에 뛰어 올라갈 수는 없다. 거듭 말하지만 긍정적인 사고나 목적의식만으로 목표에 도달할 수 있는 것은 아니다.

첫 걸음이 천릿길을 결정하듯이 단기, 중기, 장기 목표를 설정하고 실천 전략을 수립해야 한다. 이때 단기를 부화기, 중기를 성장기, 장기 목표를 개화기라 하자. 그리고 단계별 목표를 설정함에 있어서 다음과 같은 점을 생각해보기 바란다.

구분	부화기	성장기	개화기
어느 정도의 기간이 필요한가?			
롤모델은 누구인가?			
무엇을 집중적으로 배워야 하는가?			
무엇을 달성할 것인가?			

부화기

1년, 목표에 집중한 한정된 주제별 독서를 해야 한다

부화기에는 반드시 주제별 독서를 해야 한다. 흔히 말하는 '다양성'이나 여러 분야를 아우르는 '통섭通涉'에 대한 욕심은 이 단계에서는 일단 접어두는 것이 좋다. 세상 모든 것에는 순서가 있는 법이다. 바둑에서도 돌을 놓는 수순을 어기면 잡을 수 있는 대마를 놓치는 것은 물론이거니와 오히려 상대방에게 내 집을 빼앗기게 되는 경우가 다반사다. 포석도 모르면서 난해한 전투를 배우는 것은 어불성설이다.

일정 수준에 오르기 전까지는 한 분야에 집중해야 한다. 사명을 향한 필수 지식 중에서도 다른 사람에게 위임해서는 안 될 핵심역량이 무엇인지를 파악하고 거기에 집중하라. 그리고 그 주제에 관한 최고의 롤모델이 누구인지 찾아내라.

부화기에는 많은 스승이 필요하지 않다. 해당 분야에서 사람들이 인정하는 최고의 전문가 3명이면 충분하다. 그들이 쓴 책 중에서 대표 서적 10권을 정하라. 심사숙고해서 선정한 10권의 책이야말로 당신의 인생에서 오랫동안 영향력을 미칠 초석이 될 것이다.

1년 동안 10권의 책을 집중적으로 반복해서 읽어야 한다. 이것을 실천하는 것이 매우 중요하다. 1년 동안 겨우 10권이라고 가볍게 생각한다면 큰 오산이다. 10권의 책은 최고의 스승 10명이나 다름없다. 그 10명의 스승을 1년 동안 깊이 있게 학습한다는 것이 결코 쉬운 일이 아니거니와 그 효과가 엄청나다는 사실은 경험을 통해서만 알 수 있다.

이때 단순히 반복해서 읽기만 해서는 안 된다. 충분한 아웃풋이 뒷받침되어야 한다. 이 책에서 강조하는 것이 바로 이 아웃풋이다. 아웃풋에 관한 방법은 뒤에서 자세하게 설명할 것이다.

성장기

3년, 목표와 일치된 주제별 집중 독서와 아웃풋을 함께하라

1년 동안 주제별 집중 독서를 충실하게 했다면 목표에 도달하기 위한 첫 번째 관문은 성공적으로 통과한 것이다. 이 1년이란 기간 동안 지금까지 해왔던 모든 독서의 총합보다 더 깊이 있는 지식의 틀이 만들어지게 된다.

이제 그렇게 형성된 기초 지식을 내 목적에 합당한 형태로 가공하는 과정이 필요하다. 어떤 지식이든 그대로 써먹을 수는 없다. 개인별로 추구하는 삶의 목표와 전략 등이 다르기 때문이다. 그러므로 어떤 목적으로 사용할 것인지에 따라 지식의 전략적 소화과정이 있어야 한다.

약 3년 정도의 기간을 두고 부화기에 선정한 주제에 대해 더욱 깊게 학습하면서, 더불어 아웃풋을 해야 한다. 이때의 아웃풋은 해당 주제에 대해 다른 사람들에게 가르치는 일이다. 무엇이든 가장 빨리 배우는 방법은 직접 가르쳐보는 것이다. 미숙해도 상관없다. 아니, 미숙한 과정에 많은 에너지를 투입해야 한다. 그렇게 함으로써 더욱 세련되고 그럴 듯한 모습으로 숙성되어 가는 것이다.

무작정 많이 읽는 것이 능사가 아니다. 읽는 것이 입력이라면, 그에 합당한 출력이 병행되어야 한다. 출력이 없는 입력은 아무 의미가 없다. 입력은 어떤 형태로든 출력하기 위해서 하는 것이다. 입력의 수준은 어떤 출력을 하느냐에 따라 달라진다. 즉 출력이 입력의 질을 결정하는 것이다.

그렇다면 가장 높은 수준의 책읽기가 어떤 것인지 아는가? 그것은 바로 '책을 쓰는 것'이다. '가르치는 것'과 '글을 쓰는 것'을 실천하라. 최대한 다양한 계층을 상대로 학습하고 있는 주제를 가르쳐보라. 그러다 보면 어떤 부분이 부족한지 알게 되고, 더욱 성숙한 책읽기를 하게 될 것이다.

다른 사람들에게 가르치는 일을 3년 정도 하게 되면 어느 정도 준전문가 이상의 지식과 경험이 축적된다. 그런 다음 그 주제를 자신만의 컨셉화 된 지식으로 틀을 잡는 일이 책 쓰기 작업이다.

책을 쓰는 작업을 통해 얻게 되는 이익은 손으로 꼽을 수 없을 정도로 막대하다. 먼저 자신만의 지식과 노하우가 만들어진다. 그리고 지금까지 학습해온 주제에 대해 독립적인 전문가로서 인정받을 수 있으며, 대외적인 평가가 급격하게 달라진다. 이것이 2차 변곡점으로 들어가는 열쇠를 손에 쥐는 방법이다.

5년, 활용 및 응용하라

부화기와 성장기를 충실하게 거치고 그 흐름을 놓치지만 않는다면 개화기는 시간이 지나면서 자연스럽게 형성된다. 개화기는 자신이 추구하는 사명을 구체화할 수 있는 시기다. 사명과 비전을 실제 결과물로 보여줄 수 있으며 자신의 사명에 동참하는 많은 동역자가 만들어질 것이다.

그리고 이 시기는 지금까지 집중해온 해당 주제를 중심으로 지식의 영역이 확장되는 시기라고 할 수 있다. 이전까지 일단 접어둔 지식의 다양성을 추구하면서 여러 분야가 통합되는 이른바 통섭이 가능하고, 지식의 깊이와 폭이 급속하게 확장되는 시기다.

진정한 통섭은 한 분야에서 일정 수준 이상으로 축적된 지식이 없으면 불가능하다. 그렇기 때문에 부화기와 성장기에는 한 분야에 집중해야 함을 강조하는 것이다. 피터 드러커의 경우에도 한 분야에 약 3년 정도 집중 학습을 하면서 일정 수준 이상의 전문지식을 갖춘 후에 또 다른 분야로 지식을 확장했다고 한다. 이것은 누구에게나 해당되는 방식이다.

3단계 과정을 정리하면 다음과 같다.

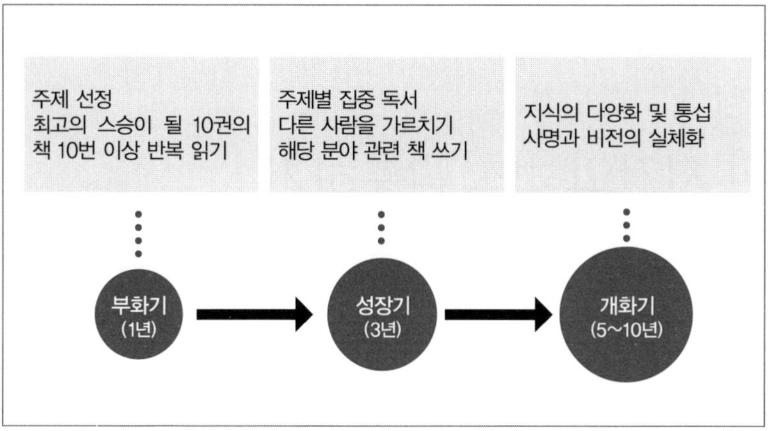
주제 선정
최고의 스승이 될 10권의
책 10번 이상 반복 읽기
주제별 집중 독서
다른 사람을 가르치기
해당 분야 관련 책 쓰기
지식의 다양화 및 통섭
사명과 비전의 실체화
부화기
(1년)
성장기
(3년)
개화기
(5~10년)

6장
1만 시간의 법칙 단축하기

무엇을 이루고 싶든지

가장 빠르고 확실한 방법은

이미 성공한 사람들의 노하우를

모방하는 것이다.

그들이 어떻게 성공했는지

정신 자세와 방법, 그리고

핵심 노하우를 찾아내야 한다.

1만 시간의 법칙을 통해

성공한 사람들의 노하우를 가져다

마음껏 도용하라.

그러면 시간과 노력을 크게 절약할 수 있다.

어떤 목표를 염두에 두고 책을 선택한 후

긴 시간 동안 에너지를 집중해보라.

가급적이면 한 분야에 집중하는 것이 좋다.

어떤 분야에서 깊은 우물을 팔 것인지

그것부터 결정하라.

모든 기회를 다 추구하기보다는

80%의 가치를 가진

20%의 목적만을 추구하라.

이것이 바로 당신을 가장 빠르게

변화시키는 비결이다.

FOCUS THINKING

창의적으로 모방하라

말콤 글래드웰은 저서인 《아웃라이어》를 통해 천재적이고 비범한 능력을 갖추거나 성과를 내기 위해서는 타고난 재능보다는 성장과정에서의 훈련이 더 중요하다고 말했다. 타고난 재능 이전에 시대적인 타이밍, 주변 환경, 본인의 노력 그리고 훈련에 투입된 누적시간이 성공을 결정한다는 것이다. 특히 타고난 지능지수IQ의 영향력에 대해 강하게 부정했다. IQ보다 무언가를 누구에게, 언제, 어떻게 말해야 최대의 효과를 거둘 수 있는지에 대한 방법, 즉 실용지능을 강조하고 있다.

그의 주장은 매우 타당하다. 더욱 혼란스러워지고 많은 사람들과 다양한 관계를 맺어야 하는 사회가 될수록 현실적 문제를 해결해나가는 실용 능력의 중요성은 앞으로도 더욱 강조될 것이다. 실용지능이란 다른 말로 표현하자면 커뮤니케이션 능력이라고 할 수 있다.

《아웃라이어》를 통해 우리가 주목해야 할 것은 바로 '1만 시간의 법칙'이다. 비범한 성과를 만들어내는 아웃라이어가 되기 위해서는 자기 분야에 최소한 1만 시간 동안의 노력을 반드시 들여야만 한다는 것이다. 최고 중의 최고, 즉 천재적인 성과는 그냥 열심히 하는 것이 아니라 한 가지 분야를 1만 시간 동안 노력했을 때 우리 두뇌가 최적의 상태가 됨으로써 만들어진다는 것이다.

그러나 1만 시간은 매일 3시간씩 10년 혹은 10시간씩 3년을 투자해야 하는 시간이다. 어지간한 결심을 하지 않고서는 1만 시간을 채우기란 참으로 어려운 일이다.

말콤 글래드웰의 주장에 대해 부정하고 싶은 생각은 없다. 하지만 조금 다르게 생각해보자. 그가 《아웃라이어》에서 언급했던 사례들은 우리가 잘 알고 있는 모차르트, 비틀즈, 빌 게이츠 등 걸출한 천재들이다. 대부분의 평범한 사람들에게 이들과 같은 훈련과정과 환경이 주어진다는 것이 어느 정도 현실성이 있을까? 그리고 이들과 같은 성과를 목표로 삼는 숙제를 떠안아야 하는 것일까?

물론 말콤 글래드웰이 책에서 강조하고 있는 취지는 모든 사람들이 그래야만 한다는 것은 아닐 것이다. 후천적인 노력과 환경이 타고난 IQ보다 더 중요하다는 것을 강조하는 것이다.

세상을 뒤흔드는 수준의 아웃라이어는 아닐지라도 필자는 이 책을 통해 괄목할 만한 성과와 발전을 이룰 수 있는 방법을 제시할 것이다. 누구나 합당한 노력을 기울인다면 그것은 그리 어려운 일이 아니다. 한 걸음 더 나아가 1만 시간의 법칙을 훨씬 단축할 수 있는 방법도 있음을 알게 될 것이다. 이때 가장 중요한 것은 실천이며, 한걸음 한걸음 제대로 방향을 잡고 움직여야 한다.

무엇을 이루고 싶든지 가장 빠르고 확실한 방법은 이미 성공한 사람들의 노하우를 모방하는 것이다. 그들이 어떻게 성공했는지 정신자세와 방법, 그리고 핵심 노하우를 찾아내야 한다.

두 나그네가 길을 가고 있었다. 그들은 오랫동안 걸었기 때문에 매우 지쳤고 목도 말라 어딘가 쉴만한 곳과 먹을 것이 필요했다. 다행히 그들은 사람이 살지 않는 빈 집을 발견했다. 천장이 매우 높은 집이었다. 거기에서 잠시 쉬어가기로 하고 지친 몸을 눕혔다.

그런데 그들의 눈에 뭔가 이상한 것이 보였다. 높은 천장에 바구니가 달려 있었고, 바구니 속에는 과일이 가득 담겨 있는 것이었다. 바구니에 담겨 있는 과일은 그야말로 배고픈 그들에게 가장 필요한 것이었다. 그들은 과일 바구니를 내릴 수 있는 방법을 찾아보았다. 그러나 바구니는 매우 높은 천장에 매달려 있었기 때문에 쉽게 내릴 수 없었다. 긴 막대로 흔들어보고, 돌을 던져보기도 했지만 바구니는 요지부동이었다. 여러 가지 방법을 시도했지만 모두 실패하고 말았다.

두 나그네 중 성격이 급한 한 사람은 화를 내며 이렇게 말했다. "저

바구니는 누군가 나그네들을 골탕 먹이기 위해 저렇게 높은 곳에 올려놓은 것이 틀림없어. 힘을 더 낭비하느니 차라리 한걸음이라도 갈 길을 가는 것이 낫겠어." 그러고는 그냥 떠나버렸다.

또 다른 나그네는 곰곰이 생각해보았다. "누가 어떤 목적으로 올려놓았는지 알 수는 없지만 분명한 것은 누군가 분명히 올라간 사람이 있다는 사실이다. 그렇다면 내가 시도했던 방법이 아니라 바구니를 올려놓은 사람이 어떻게 올라갔는지를 찾아보자." 그리고 그는 집 주변을 자세히 살폈다. 높은 천장에 올라간 사람이 사용했던 방법을 찾는 것이 열쇠인 것이다. 결국 그는 창고에서 긴 사다리를 발견할 수 있었고 바구니를 내려 과일을 맛있게 먹었다.

탈무드에 나오는 이야기다. 이 이야기에서 우리는 무엇을 배울 수 있을까? 2가지를 생각해볼 수 있다. 하나는 질문의 중요성이고, 또 하나는 정답을 찾는 방법이다.

두 나그네는 무엇이 달랐을까? 그건 바로 답을 찾기 위한 합당한 질문을 했느냐, 하지 않았느냐의 차이다. 먼저 떠난 사람은 자신의 방법대로 최선을 다하긴 했지만 답을 찾지 못했다. 그는 자신의 방법이 통하지 않자 포기하고 떠나버린 것이다. 그러나 또 다른 나그네는 여러 가지 시도를 한 후에 질문을 던졌다.

'이미 천장에 올라간 사람의 방법이 무엇일까?'

그러고 난 후 그는 천장에 올라갔던 사람의 방법을 찾아냈다. 결국 자신이 원하는 것을 얻을 수 있었다.

최선의 노력을 다했느냐가 중요한 것이 아니다. 원하는 바를 얻기 위해 최선의 노력을 기울이지 않는 사람은 별로 없다. 그럼에도 불구하고 대부분의 사람들은 목적한 바를 달성하지 못한다. 그건 바로 답을 얻을 수 있는 질문을 하지 않았기 때문이다. 가장 중요한 열쇠는 어떤 질문을 했느냐다.

이때 질문은 자신의 방법이 아니라 이미 성공한 사람의 방법이 무엇일까를 묻는 것이 핵심 포인트다. 문제의 본질을 찾는 질문과 이미 성공한 사람의 방법을 모방하는 것이 시행착오를 줄이고 자신도 성공할 수 있는 최선의 방법임을 탈무드는 가르치고 있는 것이다.

FOCUS THINKING

똑똑한 모방을 위한 책읽기

책읽기의 목적은 단연코 '모방하기'다. 책 속에 담긴 지혜와 삶의 노하우 등을 모방하는 것이 책읽기의 목적이다. 책읽기의 목적을 명확하게 인식하지 못하기 때문에 책의 도움을 받지 못하는 것이다. 모방할 수 있는 방법을 찾는 것이 똑똑한 책읽기다. 이 책을 한마디로 정리하자면 '똑똑한 모방을 위한 책읽기'라고 할 수 있다.

책을 읽고 난 후 오랫동안 기억하고 활용하기 위해서는 모방에 집중해야 한다. 세상에 어떤 위대한 사람이라도 모방하지 않고 백지에서 스스로 무언가를 창조한 사람은 없다. 세상에는 새로운 것이 존재하지 않는다는 사실을 이해해야 한다. 모든 것은 과거의 것을 모방한 것이다.

뛰어난 성취를 이룬 모든 사람들이 누구를 모방했는지를 안다면 당신은 세상의 지혜를 습득하는 가장 중요한 비결을 터득한 것이나 다름없다.

그러나 이때 조심해야 할 것이 있다. 분명히 모방이 성장과 성공의 마스터 키인 것은 틀림없으나 치명적인 함정을 가지고 있다는 것도 알아야 한다. 모방은 양날의 칼이다. 한쪽 날은 승리를 안겨주는 힘을 가지고 있지만, 또 다른 날은 자신을 베는 치명적인 위험이 숨어 있다. 예를 들어보자.

'비즈니스 리엔지니어링'이라는 경영기법이 전 세계적으로 화두가 된 적이 있었다. 이것은 기업의 체질 및 구조와 경영방식을 근본적으로 재설계해 경쟁력을 확보하는 경영혁신기법으로, 1990년 마이클 해머가 제창한 기업 체질 및 구조의 근본적인 변혁을 지향하고 있다. 비용, 품질, 서비스, 속도와 같이 핵심이 되는 경영성과의 지표들을 비약적으로 향상시킬 수 있도록 사업활동을 근본적으로 다시 조정해 조직구조와 업무방법을 혁신시키는 방법이다.

이는 과거 생산자 주도의 경제체제에서 별다른 경쟁 없이 성장했던 기업들이, 경쟁 심화와 함께 고객의 요구 또한 까다로워지고 복잡해지면서 많은 어려움을 겪고 있다는 사실에 초점을 두고 있다.

우리에게 익숙한 삼성그룹의 이건희 회장이 내세웠던 '신경영'이 바로 비즈니스 리엔지니어링에 뿌리를 두고 있다. 삼성그룹은 '마누라와 자식 빼고 모든 것을 바꿔야 한다'는 경영 지침에 따라 대대적인 구조조정을 감행했고, 그것이 글로벌 기업으로 성장할 수 있는 토대가 되었다.

수많은 기업들 사이에서 비즈니스 리엔지니어링, 즉 대대적으로 재조정하는 경영혁신기법이 유행되었다. 결과는 어떻게 되었을까? 삼성처럼 성공한 기업도 있었지만, 오히려 역효과를 내고 엄청난 타격을 받은 기업들도 적지 않았다. 대대적인 사업 구조 조정을 한답시고 핵심역량과 아까운 인재를 잃는 우를 범한 경우도 많았다. 원인은 '무작정 따라하기'에 있었다. 남들이 하는 방법을 그대로 따라하다 실패한 것이다.

그렇다면 비즈니스 리엔지니어링이 잘못된 경영기법이란 것인가? 그건 아니다. 자신의 처지에 맞게 적용하지 않고 무작정 모방만 했던 것이 실패의 원인이 된 것이다. 삼성그룹의 역량과 기업환경이 다른 기업에 그대로 적용될 수는 없는 것이다. 새로운 경영기법을 적용하는 묘를 살리지 못했던 것이다.

무엇을 말하는 것인가? 모방을 하라는 것인가, 아니면 하지 말라는 것인가? 결론은 모방을 하되 창의적으로 하라는 것이다. 창의적 예술가의 대가인 피카소는 이렇게 말했다.

"훌륭한 예술가는 모방하고, 위대한 예술가는 도용한다."

모방은 타인의 것을 본뜨는 것이지만, 도용은 남의 물건이나 명의를 몰래 가져다 쓰는 것이다. 피카소는 모방보다 오히려 도용하라고 부추기고 있다. 20세기 미술계의 거장 피카소는 모방의 달인이었다. 그는 마네나 세잔의 그림을 모방했다. 물론 단순한 모방이 아니라 한 차원 더 높은 창조였다.

초창기의 고흐는 아예 밀레의 추종자였다. 그림의 분위기만 좀 달랐을 뿐 그림의 구도와 제목까지 똑같았다. 모차르트는 음악의 대천재였다. 그러나 그런 그도 완전히 독창적인 작곡을 한 번도 한 적이 없다고 고백했다. 모방을 통한 재창조였을 뿐이라는 이야기다.

창조적 기업인의 대표 주자인 애플의 스티브 잡스를 말할 때 매킨토시를 빼놓고 이야기할 수 없다. 그러나 매킨토시의 기본 개념은 어디에서 온 것인가? 제록스 팰러앨토 연구소에서 개발한 것을 무단으로 도용한 것이었다. 그리고 또 다시 매킨토시를 보고 빌 게이츠가 도용한 것이 전 세계 컴퓨터의 표준이 된 윈도우다. 이처럼 천재들의 특징은 창의적 모방의 대가라는 것이다.

창조는 무지개가 아니다. 파랑새도 아니다. 저 멀리 있는 게 아니라 매우 가까운 곳에 있다. 이미 존재하는 것에 미세한 변화만 주어도 손에 쉽게 잡히는 것이 창조다. 하수는 백지 상태에서 완전한 창조를 그리겠다고 덤빈다. 그러나 고수는 치밀하게 베낀다. 치밀한 모방의 끄트머리에서 색다른 창조가 나온다.

지금보다 한 차원 높은 책읽기를 하고 싶다면 창의적 모방을 위한 노하우를 터득해야 한다. 1만 시간의 법칙을 통해 성공한 사람들의 노하우를 가져다 마음껏 도용하라. 그러면 시간과 노력을 크게 절약할 수 있다. 가장 빠르게 성공하는 제1법칙, 그건 바로 창의적 모방이다.

FOCUS THINKING

일관성을 가지고 깊은 우물을 파라

"성공이란 잘 뭉쳐질 정도로 수분이 충분한 눈과 그 눈을 구르게 할 긴 언덕을 발견하는 것이다."

세계적인 투자가 워렌 버핏은 성공의 비결에 대해 이렇게 말했다. 매우 의미심장한 말이다. 여러 방향으로 해석이 가능한 이 말을 우리는 이렇게 해석해보자. 우선 수분이 충분한 눈이란 무엇일까? 이것은 자신의 재능을 충분히 발휘할 수 있는 일, 핵심역량을 충분히 집중할 수 있는 일, 혹은 자신의 모든 것을 쏟아 부을 수 있는 진정으로 가치 있는 일 등으로 해석이 된다. 그러면 긴 언덕이란 평생 동안 헌신할 수 있는 분야나 방향, 진로 등이 될 것이다.

즉 자신의 강점과 핵심역량을 가장 잘 발휘할 수 있는 분야에서 오랫동안 에너지를 집중하는 것이 성공의 비결이라는 것이다. 워렌 버핏의 투자 원칙을 자신의 삶에도 적용해본다면 세계 1등은 아닐지라도 탁월한 성과를 낼 수 있음은 확실하다.

워렌 버핏은 자신이 모르는 분야에는 결코 투자하지 않았으며, 한 번 투자한 주식은 오랫동안 보유하는 것으로 유명하다. 그의 투자 전략을 한마디로 말하자면 '가치투자'라고 한다. 단기적인 변화에 연연하지 않고 자신의 투자에 확신을 가짐으로써 흔들리지 않는 가치에 집중하는 것이 그의 전략인 것이다.

비틀즈, 에디슨, 빌 게이츠 등 모든 천재들이 성공했던 비결이 충분한 물이 나올 때까지 일관성을 가지고 깊은 우물을 팠기 때문이다. 너무 우직하고 미련해보이는가? 하지만 그것이야말로 아웃라이어가 되기 위한 필수조건이다.

우리의 관심사인 책읽기로 돌아가보자. 책을 읽기 위해 가장 먼저 해야 할 것은 선택이다. 책을 선택하는 기준은 무엇인가? 책읽기는 책 선택이 적어도 50%를 차지한다고 해도 과언이 아니다. 어떻게 읽을 것인가는 나중 문제다. 그보다 어떤 책을 읽느냐가 더 중요하다. 책이 자신에게 도움을 주지 못하는 가장 큰 이유는 바로 원칙 없이 책을 선택하기 때문이다. 앞에서 사명선언문을 이야기하면서 이 문제를 매우 중요하게 다루었다.

어떤 목표를 염두에 두고 책을 선택한 후 긴 시간 동안 에너지를 집중해보라. 가급적이면 한 분야에 집중하는 것이 좋다. 주제별 책읽기를 하는 것이다. 특히 성인의 경우에는 주제별 책읽기를 하는 것이 좋다. 어떤 분야의 책읽기를 피터 드러커처럼 3년 정도 꾸준히 해보라. 부화기, 성장기 과정을 제대로 거친다면 그 분야에서 확실한 자신감을 가져도 될 정도의 수준으로 발전하게 될 것이다. 그래봤자 겨우 3~4년이다. 주제별 책읽기는 그 분야에 대해 깊은 이해와 응용 능력을 갖게 만들어 준다.

필자의 경우, 초등학교 시절부터 글을 쓰는 작가를 꿈꿔왔고, 대학교 1학년 때부터 여러 가지 독서법을 공부했다. 대학시절부터 1년에 대략 200~300권 이상의 책을 읽었기에 마흔 고개를 넘기 전에 적어도 4,000~5,000권 이상의 책이 내 손을 거쳐 갔다. 그리고 3년 정도 독서법을 체계화하는 과정을 거쳐 포커스 리딩이라는 독서시스템을 만들 수 있었다.

어린 학생부터 고위 공직자들까지 수많은 사람들이 포커스 리딩을 배웠으며 지금도 계속 진화하고 있다. 처음부터 독서시스템을 염두에 두고 책읽기를 한 것은 아니었지만, 오랜 시간 동안의 독서가 기반이 되었기에 많은 사람들이 분에 넘치는 호응을 하고 있다.

어떤 분야에서 깊은 우물을 팔 것인지 그것부터 결정하라. 우물을 파기 시작한 순간부터 당신은 이미 성공의 길로 들어선 것이나 다름없다.

FOCUS THINKING

20:80법칙을 적용하라

이탈리아의 경제학자 빌프레도 파레토가 처음 발견한 20:80법칙은 노력·투입량·원인 중에서, 핵심이 되는 작은 부분이 대부분의 성과·산출량·결과를 이루어낸다는 법칙이다. 원인과 결과, 투입량과 산출량, 노력과 성과 사이에 일정한 불균형이 존재한다. 이를테면 투입량 20%가 산출량의 80%를 만들어내고, 원인 가운데 20%가 결과의 80%를 도출하며, 전체 노력의 20%에서 성과의 80%가 만들어진다는 것이다.

20%가 80%를 만들어내는 것이 우리 삶의 현실이라면, 나머지 80%의 노력은 고작 20%의 결과밖에 만들어내지 못한다는 것이다. 만약 현실이 그렇다면 얼마나 비생산적인가라는 점도 생각해보아야 한다.

우리의 자산인 시간과 에너지를 어디에 집중할 것이냐 하는 문제는 매우 중요하다. 노력에 비해 성과가 나오지 않는 것도 에너지를 집중해야 할 포인트에 초점을 맞추고 있지 못하기 때문이다. 1만 시간의 법칙을 단축하기 위해서 무작정 열심히 노력하라는 말이 아니다. 그렇게 한다고 좋은 결실을 얻을 수 있는 것이 아니다. 창의적으로 모방하고, 깊은 우물을 파야 한다는 것과 20:80법칙을 적용하는 것은 일맥상통한 이야기라고 할 수 있다.

어떤 책을 읽을 것이냐 하는 문제는 삶의 지침인 사명선언문과 일치해야 한다. 결국 중요한 것과 중요하지 않은 것을 구분하는 판단력, 선택한 핵심 역량에 80% 이상의 에너지를 집중하는 것이 자신을 탁월한 성과를 만드는 사람으로 이끄는 힘이 된다는 말이다.

세상은 공평한가? 그렇지 않다. 세상은 핵심적인 소수와 별 볼일 없는 다수로 구성되어 있다. 소수의 핵심이 다수를 움직이는 것이 세상의 원리이며 힘의 법칙이다. 이 차이점을 깨닫고 이에 대응하는 조치를 취할 수 있다면, 우리가 원하는 것을 더 많이 가질 수 있을 것이다. 우리가 깨닫든 깨닫지 못하든 상관없이 이 법칙은 절대적으로 우리의 삶과 사회, 직장을 지배하고 있다.

옥스퍼드대학교에서는 핵심 중심의 책읽기를 다음과 같이 가르친다. 처음부터 끝까지 읽지 말고 먼저 그 책이 뭘 전달하려는지 요점을 파악한 후, 결론을 먼저 읽고 나서 서론을 보고, 다시 결론을 본 후에 관심 있는 부분만을 가볍게 훑어보는 방법이다.

핵심 중심의 책읽기 원리는 한 권의 책에서 찾을 수 있는 가치의 80%를 그 책의 20% 정도의 페이지에서, 그리고 책을 처음부터 끝까지 통독하는 시간의 20% 이내에 얻을 수 있다는 데서 출발하는 것이다. 이 책에서 말하고 싶은 원리가 바로 옥스퍼드대학교의 핵심 중심의 책읽기와 거의 흡사하다.

책을 빠르게 읽으면서 핵심을 찾아내는 것이나, 삶에서 가장 중요한 20%의 핵심역량에 집중하는 것이나 결국 같은 원리다. 무조건 열심히 하기보다는 핵심을 찾아내라. 그리고 제일 잘하고 가장 즐거운 일에 자신의 모든 에너지를 집중하라. 모든 기회를 다 추구하기보다는 80%의 가치를 가진 20%의 목적만을 추구하라. 이것이 바로 당신을 가장 빠르게 변화시키는 비결이다.

실패하지 않는 전략이란 중요한 부분, 다른 사람이 아닌 자신에게 중요한 부분에 집중해 계획을 세우고 단호한 결의를 가지고 그 계획을 실행하는 것이다. 자기 인생에서 진정으로 중요한 것이 무엇인지를 다시 생각해보라. 그리고 그 중요한 일을 지금의 방법으로 이룰 수 없다면 전략을 재조정해야 한다.

대부분의 위대한 성과는 한 가지에 대한 지속적인 몰두와 갑작스런 통찰력이 결합되었을 때 이루어진다. 일생을 통해 성취하는 것 중 대부분, 즉 자신과 타인에게 귀중한 가치의 대부분은 실제 삶의 아주 작은 부분에서 이루어진다.

누구나 위대한 것을 성취할 수 있다. 중요한 것은 무작정 노력을 기울이기 전에 성취하기에 적합한 것을 찾아내는 안목이다. 실패는 타인이 원하는 경쟁에 참여하는 경우에 발생한다. 성공은 자신이 원하는 경쟁에서 이루어진다. 우리는 잘못된 경쟁, 다시 말해서 우리가 원하는 경쟁이 아닌 다른 사람들이 원하는 경쟁에 참가하기 때문에 경쟁에서 승리하지 못하는 것이다.

힘든 노동은 낮은 수익을 낳는다. 워렌 버핏의 성공은 힘든 노동이 아니라 현명한 선택적 투자 덕분이었다. 현명한 통찰력을 바탕으로 투자해 탁월한 성과를 누적해온 것이 세계에서 가장 성공한 투자가가 된 비결이었다. 오히려 버핏의 투자 철학은 가능한 아무것도 하지 않는 것이었다고 할 수 있다.

거듭 강조한다. 자신의 인생에서 중요한 것이 무엇인지 찾아내라. 그리고 거기에 집중하라. 책읽기는 내가 선택한 것에 가장 큰 도움을 줄 수 있는 전략이어야 한다.

TIP

실천 계획과 목표 세우기

책읽기를 제대로 하려면 스스로 목표와 계획을 세워야 한다. 그러나 문제는 기존의 습관 때문에 마음처럼 실천되지 않는다는 것이다. 성공적인 책읽기는 습관화에 달렸다. 다음은 책읽기를 습관화하는 3가지 실천 전략이다.

1. 작심삼일 전략을 세워라

3일 단위로 독서계획을 수립하고 실천사항을 점검한다. 일주일을 2회로 나눠 3일 동안 읽을 책을 선정하고 실천하는 것이다. 보통의 경우 어지간한 결심을 했다 하더라도 며칠 지나면 흐지부지되는 것이 다반사다. 그러므로 결심이 유지될 수 있는 최소 기간인 3일 단위로 계획을 세우자. 한 권의 책을 3일 안에 읽으면 일주일에 2권의 책을 읽게 된다. 3일 단위의 월간 계획을 수립하고 점검해보라. 작심삼일을 한 달에 7번만 실천하면 책읽기에 성공하게 될 것이다.

2. 9주간 매일 실천하라

어떤 습관이든 두뇌가 온전히 받아들이고 몸에 정착되기까지는 최소한의 순응기간이 반드시 필요하다. 무엇이든 일정기간 동안 지속해야만 습관으로 정착될 수 있다. 그것이 바로 9주다. 9주 정도 지속하면 두뇌에 고정 프로그램으로 자리 잡게 된다. 최소한 9주 동안 매일 같은 시간에 최소한의 시간 이상 책읽기를 한 다음에는 힘들이지 않아도 쉽게 유지할 수 있을 것이다. 할 수 있다면 매일 이른 아침 시간을 책읽는 시간으로 정하고 실천하라. 아침 독서 1시간을 습관화할 수 있다면 인생이 달라질 것이라고 확신해도 좋다.

3. 지금 당장 시작하라

무슨 말이 더 필요하겠는가? 원하는 것이 있다면 지금 당장 시작하면 되는 것이다. 아무리 거창한 목표와 계획을 세웠다 하더라도 차일피일 미룬다면 그건 아무런 결과도 만들어내지 못한다. 목표를 이루고 싶다면 지금 당장 시작하는 것보다 더 중요한 것은 없다.

2부

포커스 씽킹은 포커스 리딩에서 시작된다

자신이 알고자 하는 것을 정확히 파악하라 | 결론과 핵심 메시지를 미리 포착하라 | 책은 눈이 아니라 두뇌로 보는 것이다 | 두뇌의 적응력을 높이는 속도의 비밀 | 두뇌의 속도를 높이는 훈련 방법 | 핵심을 빠르게 읽는 3가지 방법 | 1% 핵심을 이해하면 99%는 자동으로 따라온다 | 핵심을 포착하는 3가지 전략 | 선택은 천재처럼, 집중은 바보처럼 하라 | 패러다임을 뛰어넘는 질문이 역사를 바꾼다 | 대화를 통제하는 질문력 | 책읽기는 요리와 같다 | 주제 및 저자 중심으로 반복해서 읽어라 | 질을 높이는 책읽기

1장
저자와의 사전 만남이 필요하다

핵심에 접근하기 위해서
가장 먼저 해야 할 것은 바로
내가 알고자 하는 것이 무엇인지를
파악하는 것이다.
알고 싶은 것을 정확하게
파악하고 나면 핵심으로
나아가는 과정을 잡을 수 있다.
솔직하지 못하면 자신이
원하는 것을 얻을 수 없다.
진정한 해답을 찾기 위해서는
자신의 생각을 확실하게 표현하고
실제로 자기 안에서 무슨 일이
일어나고 있는지 직시해야 한다.
이를 위해서는 본질에 접근하려는
의지가 있어야 한다.
책을 읽을 때 가장 고려해야 할 것이
책을 쓴 저자의 생각이다.
그러므로 책을 읽는 사람은
가장 먼저 저자의 생각을
이해해야 한다.

FOCUS THINKING

자신이 알고자 하는 것을 정확히 파악하라

핵심에 접근하기 위해서 가장 먼저 해야 할 것은 바로 내가 알고자 하는 것이 무엇인지를 파악하는 것이다. 알고 싶은 것을 정확하게 파악하고 나면 핵심으로 나아가는 과정을 잡을 수 있다. 내가 알고자 하는 것을 파악하기 위한 3가지 방법이 있다. 다음의 3가지는 선택사항이 아니라 필수사항임을 명심하자.

솔직해지기

질문하기

경청하기

쉽고 간단한 것 같지만 어느 것 하나도 결코 만만하지 않다. 사실 이 중에서 한 가지만 잘해도 지금보다는 훨씬 진일보할 수 있을 것이다. 이것은 수준 높은 커뮤니케이션을 위한 중요한 도구이기도 하다.

솔직해지기

사람들의 마음을 열게 만드는 것은 무엇일까? 강력한 카리스마나 위협, 혹은 은근한 유혹 등으로는 진실한 마음에 접근하는 것이 불가능하다. 어떤 것을 알고 싶다면 자신의 부족함을 솔직히 인정하고, 개방적이고 연약한 모습을 드러내는 것이 좋다.

이때 연약한 모습을 드러낸다는 것은 가식적인 모습으로 상대방을 속이는 것과는 전혀 다르다. 무언가를 알고자 하는 진지하고 낮은 자세를 말하는 것이다.

솔직하지 못하면 자신이 원하는 것을 얻을 수 없다. 진정한 해답을 찾기 위해서는 자신의 문제나 고민, 생각을 확실하게 표현하고 실제로 자기 안에서 무슨 일이 일어나고 있는지 직시해야 한다.

인간의 본성 자체가 솔직해지기보다 뭔가를 숨기거나 거짓을 말하는 데 익숙하기 때문에 수많은 시행착오와 갈등, 그리고 문제들이 발생한다. 그러므로 솔직해진다는 것은 상당한 용기와 결단이 필요하다. 솔직해지기 위해서는 다음과 같은 자세가 필요하다.

자신의 마음을 진솔하게 표현한다.

자신이 원하는 것과 필요한 것을 명확히 이야기한다.

이를 위해서는 본질에 접근하려는 의지가 있어야 한다. 솔직함이 없으면 진실에 접근하는 통찰력이 가려진다.

질문하기

포커스 리딩에서 중요한 것은 읽기 전에 질문을 던지는 것이다. 따라서 책을 읽기 전에 저자에게 무엇을 묻고 싶은지를 생각해야 한다. 뛰어난 미래 통찰력을 지닌 앨빈 토플러를 직접 만난다고 가정해보자. 당연히 만나기 전에 무엇을 묻고 싶은지 질문 목록을 만들 것이다. 마찬가지로 책을 읽기 전에도 무엇을 알고 싶은지를 정확하게 글로 적어봐야 한다.

아마도 이런 식으로 책을 읽어본 경험은 거의 없을 것이다. 하지만 미리 질문 목록을 작성해보면 한 권의 책에서 얻어지는 지혜의 양과 질이 전혀 달라진다는 사실을 깨닫게 될 것이다. 읽기 전에 질문 목록을 작성하는 것은 당신의 책읽기를 새로운 차원으로 들어서게 해줄 것이라고 확신한다.

경청하기

우리는 누구의 말을 듣는가? 결국 자기 자신의 말을 듣는다. 같은 말이라도 상황이나 자신의 감정 상태, 혹은 조건에 따라 다르게 받아들이게 된다. 즉 받아들이는 주체는 우리의 마음이지만 그 마음이 항상 일정한 규칙에 따라 착오 없이 받아들여지지 않는다는 것이다. 다른 사람의 말을 상황과 조건, 가치관 등에 따라 다르게 해석하고 이해하는 것이다.

조금 심하게 말하면 우리는 다른 사람의 말을 거의 듣지 않는다고 볼 수도 있다. 오직 자신의 말만 듣는 것이다. 그래서 생기는 것이 바로 커뮤니케이션의 오류다.

이것이 바로 책읽기의 보이지 않는 심각한 장애물이다. 책을 읽는 것은 저자의 말에 귀를 기울이는 것이다. 즉 책을 잘 읽는다는 것은 잘 듣는다는 것이다. 하지만 자신의 관점으로 듣기 때문에 저자의 말이 제대로 입력되지 않는다. 중요한 것은 본질을 이해하느냐 하는 것이다. 그것이 바로 듣는 목적이기 때문이다. 잘 듣지 못하면 본질에 접근하기가 매우 어렵다. 잘 듣는 것은 상대방을 존중하는 것이다. 저자가 어떤 메시지를 강조하고 있는지 정신을 모아 경청해보라. 그것이 책읽기다.

FOCUS THINKING

결론과 핵심 메시지를 미리 포착하라

책을 읽을 때 가장 먼저 고려해야 할 것은 책을 쓴 저자의 생각이다. 책은 사람이다. 책은 저자의 생각이며 저자의 분신이나 다름없다. 그러므로 책을 읽는 사람은 가장 먼저 저자의 생각이 무엇인지 이해해야 한다. 이 말은 책을 읽으면서 저자가 그 책을 어떤 목적과 동기를 가지고 썼는지, 저자가 책 속에서 이야기하고자 하는 주제가 무엇인지 이해해야 한다는 것이다.

책읽기는 저자와의 대화다. 대화라는 것은 쌍방이 서로의 생각을 이해하고 소통하는 것이다. 한쪽의 생각으로 너무 치우치는 것은 정상적인 소통이라고 할 수 없다. 저자가 말하려는 주제조차 이해하지 못한다면 대화는 불가능하다. 따라서 저자가 말하려는 주제가 무엇인지부터 파악한 다음 본문을 읽어야 한다.

그렇다면 저자의 생각은 어디에 담겨 있을까? 저자가 말하려는 가장 중요한 핵심단어는 무엇일까? 본문을 읽지 않고도 저자의 의도를 파악하려면 어떻게 해야 할까? 책에서 가장 중요한 단어는 바로 책 제목에 있다. 그리고 책을 쓰게 된 목적이나 동기는 머리말에 담겨 있다.

또한 책을 쓰기 전에 저자가 가장 신경을 쓰는 부분이 바로 목차다. 목차는 저자가 책에서 말하려는 설계도나 다름없다. 건축 설계도를 자세히 보면 실제 건물을 보지 않고도 어떤 용도의 건물이며 특징이 무엇인지 알 수 있는 것과 같다.

책읽기를 급한 마음으로 해서는 안 된다. 급하게 달려간다고 더 많은 것을 얻을 수 있는 것은 아니다. 먼저 저자에게 다음과 같이 질문해 보자.

> "이 책에서 말하려는 것은 무엇이며, 그것을 한마디로 어떻게 정의하고 싶은가?"

물론 질문에 대한 답은 책을 읽으며 스스로 생각하고 찾아봐야 한다. 목차와 머리말, 맺음말 등에서 대략적인 윤곽을 포착할 수 있으며, 글로 정리해보면 더 명확하게 알 수 있다. 이것은 책읽기에서 매우 중요한 과정이다. 실제로 해보면 그 중요성을 이해할 수 있을 것이다.

머리말과 목차를 통해 책의 주제와 대략적인 내용을 이해하는 것은 먼 길을 떠나기 전에 지도를 보며 주요 코스를 미리 파악하는 것과 같다. 목적지와 경로에 대한 친절하고 정확한 이정표 역할을 하는 것이 바로 머리말과 목차다.

목차와 머리말을 통해 책의 주제와 핵심 메시지를 정확하게 포착하면 또 다른 좋은 점이 있다. 바로 책 선정 과정에서 시행착오를 줄일 수 있다는 것이다. 종종 책을 구입해 읽다 보면 자신이 원했던 내용이 아니거나 기대를 충족시키지 못하는 책인 경우가 많다.

책 선정은 책읽기의 성패를 좌우하는 가장 중요한 부분이다. 어떤 책을 읽느냐가 자신의 수준을 결정하게 되므로 책을 선택하는 문제는 매우 신중할 필요가 있다. 책 선정이 잘못되면 시간과 노력을 낭비하게 될 뿐만 아니라 책읽기의 흥미를 잃게 될 수도 있다. 책에 대한 흥미진진한 기대감은 강한 지적 욕구를 불러일으키고, 나아가 책과의 진지한 소통을 가능하게 한다. 그런데 책을 잘못 선택하게 되면 이러한 긍정적인 기대효과를 잃게 된다.

요컨대 자신에게 적합한 책을 선택하고 그 책을 효과적으로 읽기 위해서 가장 먼저 해야 할 일은 바로 저자와의 소통을 통해 책의 주제와 주요 메시지를 파악하는 것이다.

2장
두뇌가 보는 속도를 높여라

핵심을 빠르게 포착하는 것은
눈을 훈련시키는 것이 아니라
두뇌의 정보 습득 능력을 높이는 데
초점을 맞춰야 한다.
속도 뛰어넘기 훈련의 목적은
두뇌의 텍스트 인지 능력을
활성화시키는 것이다.
속도 뛰어넘기를 훈련하기 전에
목차와 머리말 등을 통해
책의 대략적인 흐름을 이해하고
무엇을 알고 싶은지
질문을 던지는 것은 책읽기의 질을
높이기 위해 반드시 필요하다.
또한 핵심, 진리 등 가장 중요한
무엇인가를 얻고 싶다면
'버리기'를 잘해야 한다.
버리기를 잘해야 핵심을
집중적으로 포착해낼 수 있다.
중요한 것과 중요하지 않은 것을
순간적으로 정확하게 구분하는 것이
속도와 정확성을
동시에 높이는 비결이다.

F O C U S   T H I N K I N G

책은 눈이 아니라 두뇌로 보는 것이다

'본다'는 말을 깊이 생각해보자. 인체기관 중에서 외부의 정보를 보는 기관은 어디인가? 당연히 눈인가? 틀렸다. 눈만이 아니다. 우리가 흔히 사용하는 표현을 떠올려보자. 만져본다, 맛본다, 느껴본다, 들어본다, 맡아본다 등 '본다'로 표현하는 말은 많다.

쉽게 말하자면 우리가 뭔가를 감각적으로 체감하는 모든 것에 '본다'라는 단어를 쓴다. 결국 '본다'의 주체는 눈이 아니라 두뇌인 것이다. 바라본다는 말 역시 두뇌가 눈이라는 카메라를 사용해 정보를 습득하는 것이다.

결국 핵심을 빠르게 포착하는 것도 눈을 훈련시키는 것이 아니라 두뇌의 정보 습득 능력을 높이는 데 초점을 맞춰야 한다. 그러니 기존의 눈을 훈련시키는 속독법은 문제가 있다. 눈동자는 훈련할 필요가 없을 정도로 이미 매우 빠르게 움직이고 있기 때문에 의식적으로 더 빠르게 움직이도록 강요하는 것 자체가 모순이다.

두뇌가 정보를 받아들이는 메커니즘을 이해한다면 어떻게 훈련해야 할지 이해할 수 있을 것이다. 복잡한 두뇌이야기를 하자면 끝이 없으므로, 다음의 딱 3가지만 기억하자.

첫째, 두뇌가 중요하다고 판단하는 것 중심으로 시선이 이동한다.
둘째, 두뇌가 중요하다고 판단하는 것 중심으로 입력된다.
셋째, 대부분의 작용들은 자동으로 이루어진다.

이 기준에 따라 훈련한다면 눈동자 훈련을 하지 않아도 빠르게 핵심을 포착하는 능력을 기를 수 있다. 즉 우리의 두뇌는 중요한 것과 중요하지 않은 것을 구분해서 입력한다. 또한 이러한 판단은 대부분 무의식적으로 작용한다. 따라서 책읽기 훈련 역시 두뇌가 원하는 방식으로 하는 것이 맞다.

FOCUS THINKING

두뇌의 적응력을 높이는 속도의 비밀

아무리 시간을 조율한다 하더라도 시간을 무한정 늘릴 수는 없다. 자기계발에 중점을 두더라도 완성되는 순간까지의 여유 시간은 한정되어 있음을 절실히 깨닫게 될 것이다. 때문에 많은 사람들이 책을 읽는 속도를 높이고 싶어 한다. 빨리 읽는다고 해서 질적으로 이해가 떨어지거나 어설프게 책을 읽는 게 아니라 단순히 읽는 속도만을 빠르게 하길 원하는 것이다. 그래서 사람들은 그동안 책을 빠르게 읽는 속독법을 배워왔다.

책을 읽는 속도를 얼마나 높이고 싶은가? 현재 속도에서 얼마나 빨라지면 만족하겠는가? 10배 혹은 20배는 꿈도 꾸지 마라. 그 정도로 빨라지길 원한다면 매우 오랜 기간 특별한 훈련을 해야만 한다. 그리고 그리 실용적이지도 않다.

2~3배 정도면 어떨까? '겨우'라고 생각하는가? 동일한 시간에 2배의 속도로 책읽기의 양과 질을 채워간다면, 1년이면 굉장한 차이를 만들 수 있고, 3년 정도면 보통 사람들이 따라오기 힘든 결과를 만들 수도 있다. 그럼 한걸음 더 나아가 3배라면 어떤가? 시간을 3분의 1로 단축시키거나 3배의 양과 질을 축적하는 것이다. 이런 속도로 3년 정도만 계속한다면 현재와는 전혀 다른 차원의 지식과 간접경험이 축적될 것이다.

속도의 비밀은 무엇일까? 보는 것은 눈이 아니라 두뇌라고 했다. 그러므로 두뇌의 작동원리를 이해하면 된다. 분명한 것은 안구운동으로는 같은 질과 양을 유지하며 속도를 높이는 것이 절대 불가능하다는 사실이다. 눈동자를 훈련시키는 것이 아니라 두뇌를 훈련시켜야 한다. 그 원리는 다음과 같다.

2가지 경우를 예로 들어보자.

> 30~50km로 겨우 운전하는 초보 운전자가 있다. 그 운전자를 2시간 정도 사고가 날 위험이 없는 경주용 자동차 전용트랙에서 전문가가 운전하는 옆 좌석에 앉히고 시속 300km로 달리는 경험을 하게 한다. 그런 다음 그 속도로 2~3시간 직접 운전을 하게 한다. 일반 도로와 달리 자동차 전용트랙에서 경주용 자동차로 최고 속도를 경험시키는

것이다. 그 후에 일반 고속도로에서 자신의 자동차로 100km로 운전하라고 한다면 느낌이 어떨까? 그 사람은 불과 몇 시간 만에 고속도로를 익숙하게 달릴 수 있는 감각을 가질 수 있게 된다.

야구 선수가 있다. 그가 현재보다 타율을 높이려면 정확한 스윙을 해야 한다. 매우 빠른 속도로 날아오는 공의 구질을 정확하게 보고 배트의 스위트스폿에 맞춰야 한다. 시속 150km 정도의 속도는 프로야구 선수들도 공략하기 쉽지 않은 강속구다. 그래서 투수와 포수의 정식 거리인 18.44m의 절반 거리인 9m 지점에 피칭머신을 가져다 놓고 시속 150km로 날아오는 각종 구질의 공을 치는 훈련을 시킨다. 거리가 절반이므로 체감 속도는 2배에 가깝다. 처음에는 공의 속도에 몸이 따라가지 못하지만 장시간 집중적으로 훈련하면 공이 선명하게 보이게 되고 두뇌와 몸도 감각적으로 반응하게 된다. 그런 훈련을 장기간 하고 난 다음 원래 거리에서 날아오는 공을 치라고 하면 느낌이 어떨까?

두 번째 사례는 실제로 이승엽 선수가 프로야구 입단 후 얼마 되지 않아 투수에서 타자로 전향하면서 실행했던 훈련이라고 한다. 이 훈련을 통해 대한민국을 대표하는 홈런타자로 거듭난 것이다.

이와 유사한 사례는 우리 주변에 얼마든지 널려 있다. 즉 극한의 자극을 지속적으로 주면 두뇌는 그 환경에 적응하려고 노력하게 된다. 한 번 환경에 적응하게 되면 그보다 낮은 수준은 매우 쉽게 받아들이게 되는 원리가 바로 두뇌의 속도를 높이는 비밀이다.

두뇌는 어떤 환경에서든 매우 빠르게 적응하는 능력이 있다. 그런 두뇌의 적응력을 이용하면 책읽기 속도를 단숨에 2~3배 높일 수 있는 것이다.

FOCUS THINKING

두뇌의 속도를 높이는 훈련 방법

일반적인 속독법은 안구의 움직임을 빠르게 하는 것에 초점을 맞추고 있다. 그러나 속도의 비밀은 눈동자가 아니라 두뇌에 있음을 이미 충분히 설명했다. 속도 뛰어넘기 훈련의 목적은 두뇌의 텍스트 인지 능력을 활성화시키는 것이다. 거듭 말하지만 눈동자가 아니라 두뇌를 훈련시키는 것이다.

속도 뛰어넘기를 훈련하기 전에 해야 할 일이 있다. 목차와 머리말 등을 통해 책의 대략적인 구조와 흐름을 이해하고 저자가 말하고자 하는 핵심이 무엇인지를 미리 파악하는 것이다.

• 책에서 저자가 중요하게 다루고 있는 단어들은 무엇인가?
• 추정되는 책의 주제는 무엇이라고 생각하는가?
• 저자에게 무엇을 질문하고 싶은가?

책과 만나기 전에 가장 중요한 것이 질문을 만드는 것이라고 앞서 말했다. 책을 읽기 전에 대강의 주제와 결론을 바탕으로 본문에서 무엇을 알고 싶은지 질문을 던지는 것은 책읽기의 질을 높이기 위해 반드시 필요하다.

이 작업을 '예비독서'라고 한다. 예비독서는 격렬한 운동을 하기 전에 하는 준비운동과 같다. 준비운동을 충실히 해야 실전에서 실족하지 않고 부상을 당하지 않는다.

다음 그림을 살펴보자.

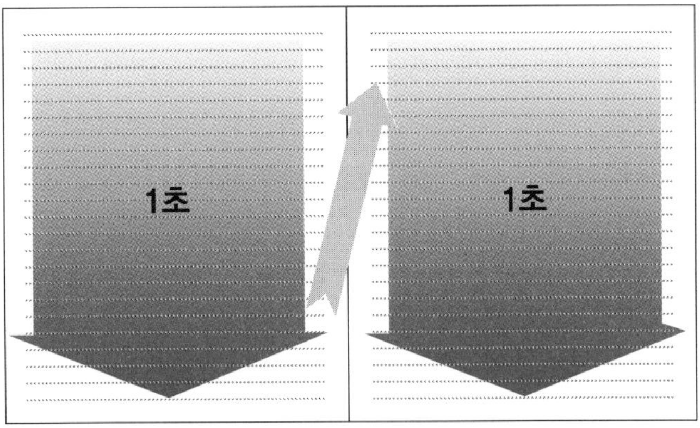

양쪽 페이지를 1초씩, 넘기는 데 1초, 총 3초 만에 책장을 넘기는 훈련이다. 이 속도로 책을 읽으라는 것이 아니다. 이 훈련을 통해 두뇌의 텍스트 인지 능력을 높이는 것이다. 눈을 마치 복사기라고 생각하고 위에서 아래로 시선을 빠르게 쓸어내리면서 선명하게 복사하듯 인식만 하면 된다. 그게 전부다.

간단하지 않은가? '하나–둘–넘기고'를 3박자에 맞춰서 시선을 복사기처럼 위에서 아래로 이동하라. 한 번 따라해보자. 아무 책이나 들고 첫 페이지부터 마지막 페이지까지 '하나–둘–넘기고'를 속으로 읊으면서 정신을 집중해 눈으로 복사한다.

이 훈련의 요점은 2가지다.

> 정신을 최대한 집중하라.
>
> 텍스트를 선명하게 인식하라.

그런데 속도 뛰어넘기를 하면서 책의 내용에 대한 이해는 어떻게 해야 할까? 속도 뛰어넘기의 훈련 목적은 두뇌의 텍스트 인지 능력을 높이는 것이다. 이 말은 내용을 정확히 이해하지는 못하더라도 최대한 텍스트를 인식함으로써 두뇌가 내용을 접수하는 능력을 높인다는 의미다.

책의 내용을 핵심 중심으로 빠르게 이해하는 훈련 방법은 속도 뛰어넘기의 다음 단계인 '스키핑&스캐닝skipping&scanning'에서 배우게 될 것이다. 스키핑&스캐닝은 포커스 리딩의 책읽기 모델이다. 속도 뛰어넘기는 궁극적으로 다음 단계인 스키핑 & 스캐닝을 최대한 빠르고 정확하게 할 수 있도록 두뇌를 활성화시키는 단계라 할 수 있다. 즉 두뇌의 잠재력과 무의식을 깨워 판단력과 반응 속도를 높이는 훈련이다.

FOCUS THINKING

핵심을 빠르게 읽는 3가지 방법

책을 읽을 때 아마도 대부분의 사람들은 정확성을 포기하지 않으면서도 빠르게 읽는 노하우를 터득하고 싶을 것이다. 그 노하우가 바로 이 책에 담겨 있다.

포커스 리딩을 하기 위해서 가장 먼저 할 일은 '버리기'에 대한 개념을 깊이 이해하는 것이다. 그렇다. 버리기가 핵심이다. 이것은 아주 깊은 의미를 가지고 있다. 비단 책을 읽을 때뿐만이 아니라 세상의 모든 일이 같은 원리다. 핵심, 진리, 가치 등 가장 중요한 무엇인가를 얻고 싶다면 버리기를 잘해야 한다.

오랫동안 누적된 습관, 패턴, 사고방식 등을 바꾸거나 버리지 않으면 새로운 것을 얻을 수 없다. 아이들이 어른들보다 더 빠르게 터득하는 것도 자신이 가지고 있는 것에 그다지 연연하지 않기 때문이다.

이제 핵심을 빠르게 읽는 3가지 방법에 대해 자세하게 살펴보자.

첫째, 중요한 것만 추려내고 나머지는 버려라

버리기를 잘하는 것은 한 권의 책에 담겨 있는 내용 가운데 핵심 혹은 자신에게 유용한 부분을 집중적으로 포착해내는 능력이다. 이는 약간의 집중력만으로 얼마든지 가능하다. 책의 모든 내용을 다음과 같은 기준으로 구분하라.

핵심 메시지 VS 그것을 설명하기 위한 것

자신에게 필요한 내용 VS 필요 없는 내용

전자는 취해야 할 유용한 지식이고, 후자는 무용한 지식으로써 일단 버릴 것으로 구분한다. 이렇게 구분하는 것을 어색하게 생각하거나 부정적으로 생각할 필요는 전혀 없다. 그건 매우 당연한 것이다. 이렇게 구분하지 않으면 책을 읽는 시간이 오래 걸릴 뿐 아니라 정작 걸러내야 할 핵심 메시지를 놓치게 되는 우를 범하게 된다. 그럴 바에야 책을 무엇 때문에 읽는단 말인가?

여기에서 다음과 같은 의문이 생길 것이다.

"핵심을 설명하기 위한 부분이나 자신에게 필요하지 않은 내용은 읽을 필요가 없단 말인가? 그렇다면 처음부터 아예 책의 요약본만 읽으면 되는 것이 아닌가?"

이 질문에 수긍하는 사람들도 있을 것이다. 하지만 그것은 포커스 리딩의 본질적 의도와는 거리가 있다. 책읽기의 대전제는 반복해서 읽는 데 있다. 여러 번 반복해서 읽어야 자신만의 지식이 된다.

처음부터 너무 자세하게 미시적인 관점으로 접근하지 말고, 거시적이고 핵심 중심으로 책의 골격을 이해한 다음 깊이와 폭을 확장하는 것을 강조하는 것이 포커스 리딩의 의도다. 즉 속도와 정확도를 동시에 높이는 비밀은 바로 중요한 것과 그렇지 않은 것을 구분하는 데 있다.

문장 역시 마찬가지다. 모든 문장은 중요 단어와 그 중요 단어를 설명하는 부속어로 구성되어 있다. 이런 구성은 하나의 문장에서만이 아니라 한 단락, 크게는 한 권의 책으로 확대할 수 있다. 우리가 집중해야 할 것은 수식어들로 이루어진 문장 자체가 아니라 전체의 내용을 이끌어가는 단어다. 이러한 단어들 중심으로 내용을 이해하는 노력을 기울이면 빠르고 정확하게 저자의 메시지를 포착할 수 있다.

지금까지는 분명히 책을 읽었음에도 시간이 조금만 지나면 기억이 나지 않거나 활용하지 못하는 경우가 대부분이었을 것이다. 지난 1년, 아니 지난 달에 읽었던 책들을 떠올려보자. 무엇을 기억하고 있는가?

이러한 잠재적 문제는 어제 오늘 생긴 것이 아니라 지금까지 계속 그렇게 해오면서도 심각하게 여기지 않고 있었던 것이다. 앞으로도 역시 그런 방식으로 책을 읽는다면 과연 책읽기가 자신에게 진정으로 유익한 행동인지 근본적으로 의구심을 가져봐야 할 것이다.

자신의 인생에서 무엇이 중요한지를 생각하고 거기에 자신의 에너지를 집중해야 한다는 불변의 원칙을 책에도 그대로 적용하라. 한 권의 책은 가장 중요한 메시지와 그 메시지를 설명하는 사례, 통계, 설명 등으로 이루어져 있다. 가장 작은 단위인 하나의 문장에서도 내용의 중심이 되는 중요 단어와 부속어가 섞여 있다. 우리가 잡아내야 할 것은 바로 저자의 생각이 농축되어 있는 핵심 메시지나 중요 단어인 것이다.

둘째, 두뇌의 양면성을 활용하라

두뇌가 정보를 인식하는 방식은 2가지 종류가 있다. 의식적인 정보입력과 무의식적인 정보입력이다. 2가지 방식의 차이는 다음과 같다.

구분	내용
의식적인 정보입력	• 자신에게 중요하거나 필요하다고 인식하면서 입력되는 정보 • 주의력을 집중해서 정보를 받아들임 • 주로 단기 기억에 저장됨
무의식적인 정보입력	• 중요하지 않게 인식되는 주변 정보 • 특별히 주의를 기울이지 않아도 두뇌에서 받아들임 • 주로 장기 기억에 저장되며, 특별한 동기나 비슷한 정보가 주어질 때 출력됨

우리가 지금까지 책을 읽을 때 해온 방식인 '정독'은 바로 의식적인 정보입력이다. 책의 모든 내용을 시종일관 의식적인 정보입력을 해온 것이다. 이 방식의 장점은 세세한 내용을 깊이 생각하며 책을 읽는다는 것이다. 그러나 시간이 오래 걸리기 때문에 전체적인 시각을 놓치고 미시적인 부분에만 연연하게 되기 쉽다. 즉 숲은 보지 못하고 자잘한 나무들만 보게 되는 우를 범할 수 있다.

그렇다고 해서 한 권의 책을 무의식적인 정보입력 방식으로만 읽는 것도 문제다. 이 방식은 책의 깊은 내용을 놓치거나 저자의 핵심 메시지가 무엇인지 분별하지 못해 궁극적인 책읽기의 목적을 놓치기 쉽다.

그렇다면 어떻게 해야 할까? 2가지 방법을 혼용해야 한다. 핵심적인 중요한 정보는 의식적인 정보입력으로, 사례나 설명, 예시, 통계 등은 무의식적인 정보입력을 하는 것이다. 그렇게 하면 핵심 메시지를 놓치지 않으면서도 속도를 높일 수 있다.

책읽기에서 '중요한 것만 추려내고 나머지는 버린다'고 할 때 '버린다'는 말은, 아예 무시하고 읽지 않는 것이 아니다. 눈으로 훑어보듯 스쳐지나가면서 내용을 대략적으로 파악하고 넘어가는 것을 말한다. 그렇게만 해도 두뇌는 정보를 입력하고 저장한다. 그것이 가능한 이유는 핵심 메시지를 의식적인 정보입력, 즉 주의력을 순간적으로 기울여 내용을 파악하기 때문에 주변 정보들에 대해서도 이해가 되는 것이다.

우리 두뇌는 어순이나 문법에는 별 관심이 없다. 즉 어순대로 정보가 입력되는 것이 아니다. 두뇌가 선호하는 방식은 '중요한 것부터 입력하는 것'이다.

따라서 중요한 것과 중요하지 않은 것을 순간적으로 정확하게 구분하는 것이 속도와 정확성을 동시에 높이는 비결이다. 덧붙여 말하면 미괄식보다 결론부터 내세우는 두괄식이 훨씬 효과적인 커뮤니케이션 방법이라 할 수 있다.

셋째, 읽는 것이 아니라 찾아내는 것이다

"책읽기는 글자를 읽는 것이 아니라 중요한 정보를 찾아내는 것이다."

그렇다. 책읽기는 글자를 읽는 것이 아니다. 당연한 말이라 생각하는가? 하지만 지금까지 많은 사람들이 중요한 것을 찾아내는 것보다 글자를 읽는 것 자체에 더 많은 시간과 에너지를 할애해왔다. 글자를 읽는 것과 중요한 내용을 찾아내는 것은 상당히 다른 개념이다.

글자를 읽는 것에 집중하다 보면 읽으면서도 내용을 이해하지 못하거나 매우 느린 속도로 내용을 파악하는 상황에 빠진다. 책을 다 읽고 나서도 핵심 메시지가 무엇인지 잘 모르거나 시간이 조금만 지나도 거의 기억을 못하는 이유가 바로 여기에 있다.

정독을 단순히 천천히 읽는 것이라고 생각하는 것은 잘못된 것이며,

왜곡된 고정관념이다. 빠르게 중요한 것과 중요하지 않은 것을 변별해서 저자가 말하고자 하는 주요 내용과 자신에게 필요한 것을 제대로 포착하는 것이 효과적인 정독이다.

3장
핵심을 읽어라

효과적인 책읽기란 80%의 시간을
가장 중요한 20%의 내용에
집중 투자하는 것이다.
중요한 것과 중요하지 않은 것을
정확하게 구분하는 것은 효과적으로
세상을 살아가는 공통 원칙이다.
세상에는 늘 변화가 일어나고 있다.
우리가 해야 할 일은
그러한 변화 속에서 유용한 것만을
포착해내어 그것을 자신에게
적절하게 적용하는 것이다.
우리가 알고 있는 진정한 선각자들이
진리와 핵심을 찾기 위해서
공통적으로 강조한 것이
바로 단순함이다.
핵심을 잡아내기 위해
객관적이고 단순하게 주제를 정리하면
앞으로 나아갈 방향이
선명하게 보일 것이다.

FOCUS THINKING

1%의 핵심을 이해하면 99%는 자동으로 따라온다

세상은 핵심적인 소수가 일반적인 다수를 이끌어간다고 했다. 평등주의 원칙에서 바라본다면 매우 거슬리는 말이지만 부정하기 힘들다. 세상을 양적인 개념으로 바라본다면 핵심을 포착하거나 진실을 이해하기 어렵다. 양이 아니라 질적인 개념으로 접근해야만 본래의 속성을 이해할 수 있다.

마케팅 전략을 수립할 때에도 물량 공세를 퍼붓는 기업은 망하기로 작정한 것이나 다름없다. 시장을 쪼개고 쪼개서 핵심 고객에게 레이저를 쏘듯이 마케팅을 해야만 먹힌다. 가치 없고 쓸모없는 대다수를 찾아내 버리거나 획기적으로 줄이지 않으면 장기적으로 생존하기 어렵다.

에너지 집중의 원리에서도 가치 없는 시간과 노력은 투자가 아니라 낭비일 뿐이다. 누구나 위대한 것을 성취하고자 하는 뜻을 품을 수는 있지만, 그것을 실제로 이루어내기 위해서는 각고의 노력 이전에 성취의 핵심 요소를 찾아내는 안목이 있어야만 한다는 전제가 깔려 있다.

책읽기 역시 이러한 세상의 원리와 같다. 한 권의 책에서 저자의 핵심 메시지를 이해하는 데 필요한 최소 분량은 어느 정도 될까? 아무리 두꺼운 책이라 할지라도 대부분의 경우 한 페이지면 충분하다. 그것을 골격화 한 것이 바로 목차다. 물론 목차 자체만으로 책의 메시지를 전달하기는 어렵지만 책을 읽고 난 뒤에 핵심 메시지를 정리해보면 한 페이지에 담지 못하는 경우는 별로 없다.

바로 여기에서 책을 빠르고 효과적으로 읽는 방법을 찾을 수 있다. 그것은 핵심 메시지에 집중하는 책읽기다. 책의 내용을 크게 2종류로 나누어 생각해보자. 하나는 핵심 메시지고, 다른 하나는 핵심 메시지를 보좌하는 보조 메시지다. 핵심 메시지와 그것을 설명하는 내용은 분명히 중요도에서 차이가 있다. 그런데 모든 내용을 같은 비중으로 취급한다면 비효율이 발생하게 되는 것이다. 핵심 메시지 중심으로 정신을 집중해 빠르게 읽되, 부수적인 내용은 가볍게 참고하는 정도로만 이해하면 된다.

이런 핵심 중심의 책읽기가 익숙해지면 책에 대한 부담감이 많이 줄어들게 될 것이다. 어떤 책이든 빠르게 읽으면서도 핵심 메시지를 놓치지 않게 되기 때문이다. 지금까지 우리는 20% 정도의 중요도밖에 되지 않은 부분에 80%의 시간을 투자하며 책을 읽어 왔다. 이제 그 반대가 되어야 한다. 책 읽는 80%의 시간을 가장 중요한 20%의 내용에 투자하라. 그러면 책 읽는 속도와 정확도가 최소한 3~4배 높아지게 될 것이다.

책읽기에는 오랫동안 고착화된 습관과 고정관념이 있다. 그것은 바로 정독을 해야 한다는 것이다. 느린 속도로 자세하게 읽는 것을 흔히 정독이라고 알고 있지만 그것은 매우 잘못된 개념이다. 정독이란 말에는 '精讀'과 '正讀'이라는 2가지 의미가 있지만, 어느 것에도 천천히 읽는 것이라는 뜻은 없다. 두 단어의 사전적 의미는 다음과 같다.

정독精讀 : 뜻을 새겨 가며 자세히 읽음

정독正讀 : 글의 참뜻을 바르게 파악함

의미상 어떤 차이가 있는가? 사실 거의 차이가 없다. 그러나 어느 것에도 느리게 읽어야 한다는 말은 없다. 느린 것과 정독이 같은 의미로 사용되어 온 것은 잘못된 해석이다.

물론 책의 분야에 따라 천천히 읽어야만 뜻을 제대로 이해할 수 있는 책도 있다. 종교서적이나 시 혹은 수필 같은 문학, 철학, 복잡한 공식으로 구성된 이공계 서적 등이 그런 분야다. 그러나 경제, 경영, 자기계발, 소설, 역사, 수험서 등을 느리게 읽는 것은 비효율적이다.

오히려 느리게 읽게 되면 두뇌의 활동도 느려지게 되어 핵심을 포착하는 데 방해가 된다. 특히 두꺼운 책을 느리게 읽는 것은 매우 비효율적인 일이다. 전체에서 핵심 메시지를 찾아내는 능력, 이해와 기억·활용 능력 등 많은 부분에서 손해를 보게 된다. 막대한 시간적 손실도 역시 간과할 수 없다. 지금 이 순간부터 고정관념을 깨기 바란다. 정독과 느리게 읽는 것은 개념적으로 별 상관이 없다.

누차 강조하건대, 책을 읽을 때 가장 중요한 것은 핵심 메시지를 포착하는 것이다. 핵심을 잡고 나면 나머지는 거의 자동으로 따라온다. 20%의 핵심에 집중하며 읽으면 책을 다 읽고 난 후에도 거의 대부분의 내용을 생생하게 기억할 수 있다. 그러나 핵심 메시지를 놓치면 책을 읽어도 머릿속에는 혼란만 남게 된다. 중요한 것과 중요하지 않은 것을 확실하게 구분하는 것은 효과적으로 세상을 살아가는 공통 원칙이다.

FOCUS THINKING

핵심을 포착하는 3가지 전략

개구리가 뱀을 피해 연못으로 뛰어들었다. 그것을 본 사람들이 각자의 시선에서 자신의 주장을 펼쳤다.

진화론자 개구리가 뱀으로부터 탈출할 수 있는 능력을 가지게 된 것은 오랜 시간에 걸쳐 적응한 결과다.

심리학자 뱀이 개구리에게 공포심을 불러일으켜 개구리를 뛰도록 영향을 미쳤다.

육상선수 개구리는 더 멀리 더 빨리 뛸 수 있도록 강한 다리를 만들어야 한다.

무술가 개구리는 스스로 뱀을 이길 수 있는 자신만의 필살기를 훈련해야 한다.

경영 컨설턴트 생존을 위해서는 개구리의 모든 기능을 리엔지니어링 해야한다.

이처럼 사람은 자신이 보고자 하는 관점 외에는 보지 못한다. 자신의 관점이 객관적이며 옳다고 주장하는 것이 인간이다. 이런 관점의 차이 때문에 모든 문제가 발생하는 것이며, 편향된 시각으로 바라보기 때문에 본질을 이해하지 못하는 것이다.

세상에는 늘 변화가 일어나고 있다. 우리가 해야 할 일은 그러한 변화 속에서 유용한 것만을 포착해내어 자신에게 적절하게 적용하는 것이다. 분명한 것은 복잡한 변화와 흐름 속에서 단 하나의 정답은 없다는 사실이다. 오히려 서로 다른 관점이 있음을 인정하고, 자신의 관점에서 무엇이 가장 중요한 것인지를 변별하는 능력이 필요하다.

그렇다면 책을 읽을 때 어떻게 해야 저자의 메시지를 왜곡하지 않고 정확하게 이해할 수 있을까? 어떻게 해야 내게 필요한 정보를 골라낼 수 있을까? 포커스 리딩에서는 다음과 같이 3가지 단계를 강조한다.

단순화하기

키워드 추출하기

질문하기

단순화하기

복잡한 상황에서 핵심을 포착하기 위해서는 무엇보다 '단순화'라는 열쇠를 활용하지 않으면 안 된다. 아인슈타인은 "모든 것은 가능한 단순해야 한다. 그러나 그것보다 더 단순해지지 않으면 안 된다"고 말했고, 법정스님은 "단순함에서만 진리를 찾을 수 있다"고 했다. 우리가 알고 있는 진정한 선각자들이 진리와 핵심을 찾기 위해서 공통적으로 강조한 것이 바로 단순함이다.

단순화는 불필요한 것을 제거해 필요한 것을 부각시키는 능력이다. 문제가 아무리 복잡하더라도 단순한 해결책은 늘 있게 마련이다. 그러나 단순함을 유지하면서 질문을 하고, 집중력을 잃지 않으며 효과적인 방법을 찾아내는 것이 사실 그리 쉬운 일은 아니다. 단순함이란 순진함이나 무난함 혹은 평이함과는 다른 것이다.

상황에 대한 주제를 파악했다면 그것을 한눈에 볼 수 있도록 펼쳐놓아야 한다. 가급적이면 그림이나 도표 혹은 마인드맵 형태로 주제별로 묶어 시각화하는 것이 좋다. 이러한 방법은 머릿속에서 뒤섞여 있던 상황을 단순하게 정리하고, 문제들이 가진 모순점이 무엇인지를 쉽게 이해할 수 있도록 돕는다.

다음은 안철수 소장의 경영철학을 표로 나타낸 것이다.

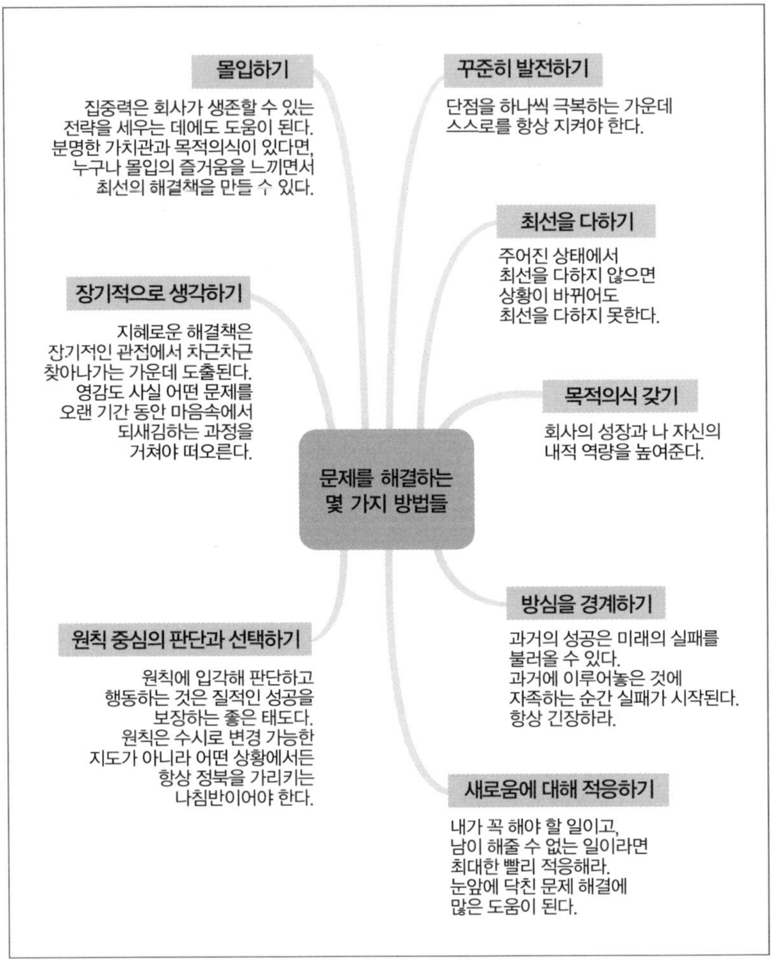

이것은 마인드맵을 활용한 것으로써 각 주제별로 중요한 내용들을 한눈에 볼 수 있도록 나타낸 것이다. 이렇게 펼쳐놓으면 문제가 무엇이며 서로 충돌하는 모순점들이 어떤 것인지 쉽게 파악할 수 있다.

이렇게 정리하는 이유는 두뇌가 워낙 혼란스럽고 생각이 뒤죽박죽이기 때문이다. 인간의 두뇌는 어떤 주제에 대해 오랫동안 깊이 생각하기 힘든 속성을 가지고 있다. 순식간에 많은 생각들이 스쳐 지나가고 본질과 상관없는 사고의 방해 요소들이 문제에 집중적으로 접근하는 것을 어렵게 만든다.

미국 GE의 전 회장이자 금세기 최고의 전설적인 리더라 일컬어지는 잭 웰치는 이렇게 말한 바 있다.

> "나는 어떤 개념을 설명할 때 3개의 원을 사용해 단순하고 명료하게 보여주는 방식을 좋아한다. 그림은 내 비전을 확산하고 실행하는 데 있어 내게 가장 필요한 단순한 개념 설명 도구다."

잭 웰치는 '1등이나 2등이 아니면 고쳐라, 매각하라, 아니면 폐쇄하라'는 혁명적인 방침을 내세웠다. 그러나 구체적으로 어떤 사업부를 중심으로 하고, 어떤 사업부를 정리할지 결정하며, 전 사원이 이해할 수 있도록 주지시키는 것이 문제였다. 잭 웰치는 많은 사업 부문과 대화를 거듭하고 오랜 시간 생각한 끝에 누구나 한눈에 회사의 경영전략을 이해할 수 있는 도형을 생각해냈다. 이 도형을 착안하던 당시를 그는 이렇게 서술하고 있다.

> "나는 오랫동안 그 비전을 효과적으로 전달하기 위한 방법에 대해

고민했다. 이상하게 들릴지 모르지만, 나는 1983년 1월 칵테일 냅킨 에서 그 해답을 발견했다."

그는 아내와 함께 레스토랑에서 식사를 하던 중 문득 비전을 실현시킬 방법이 떠올라 냅킨에 펜으로 3개의 원을 그리고 GE의 각 사업 부문을 적용시켜 봤다고 한다.

첫 번째 원은 GE의 핵심인 제조사업 부문으로 주요 가전, 조명 등 GE가 가장 자신 있게 내세울 만한 분야였다.

두 번째 원은 앞으로 높은 수익을 기대할 수 있는 의료기기나 신소재, 항공우주 부문 등 하이테크사업 부문이었다.

세 번째 원은 서비스업 부문으로, 비교적 적은 투자로 높은 수익을 얻을 수 있는 분야였다.

❖ **GE의 신화를 만들었던 잭 웰치의 3개의 원**

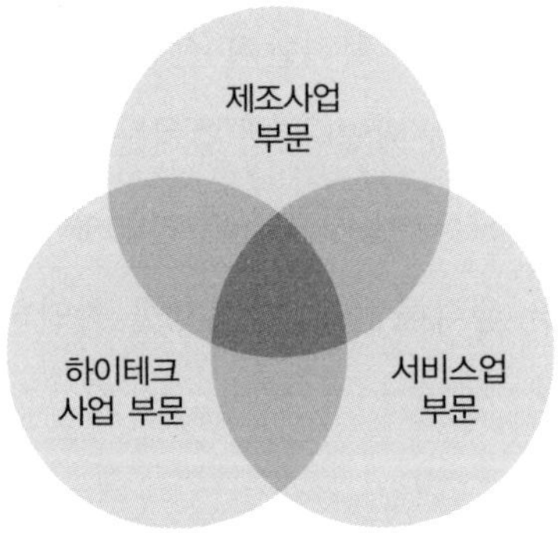

이 3개의 원에 들어 있지 않은 사업은 '고쳐라, 매각하라, 아니면 폐쇄하라'의 대상이 되었다. 그 대상들은 대부분 이익이 없거나 시장 성장성이 낮고 회사 전략과 맞지 않는 사업 분야였다. 이는 실제로 설득력 있는 도형이었으며, 잭 웰치의 경영전략을 모든 사원들에게 전달하고 실현하는 데 큰 도움이 되었다고 한다.

차별화란 버림의 미학이다. 그러므로 단순화와 차별화는 일맥상통한다. 반대로 복잡함은 차별화를 어렵게 만드는 요소다. 단순함은 최고의 전문성을 가져야만 이룰 수 있다.

키워드 추출하기

핵심을 잡아내기 위해 객관적이고 단순하게 주제를 정리하면 앞으로 나아갈 방향이 선명하게 보일 것이다. 그렇다면 이제는 그 모든 해법과 방향을 상징하는 단어가 필요하다.

그렇다. 바로 단어다. 그 단어는 조직의 정체성이며 판단의 기준이 된다. 모든 전략은 이 핵심 단어를 중심으로 세워져야 한다. 마케팅 포지셔닝이란 바로 이 단어를 어떻게 고객의 머릿속에 심어놓느냐 하는 것이다. 성공한 사람이나 조직은 자신들의 전략을 상징하는 단어가 반드시 있다.

❖ **잘 알려진 전략적 단어들**

• **BMW자동차** 드라이빙	• **풀무원** 바른 먹거리
• **볼보** 안전	• **네이버** 지식 검색
• **폭스바겐** 실용성	• **싱가포르** 투명성
• **월마트** Everyday low price	• **IBM** Solution
• **구글** 세상의 모든 검색	• **칭기즈칸** 속도, 이동
• **애플** 창의성, Think different	• **간디** 비폭력 저항
• **GE** 1등	• **오바마** Change
• **3M** 상상력, 도전	• **처칠** Never give up!
• **베네통** Color	• **손자병법** 지피지기

이런 단어들은 어떤 상황에서도 자신이나 기업의 독특한 가치를 빛내주는 것으로, 흔들리지 않는 판단의 기준이 된다. 핵심단어를 뽑아내 당면한 문제에 대입해보자. 그러면 현재의 문제와 해결의 열쇠인 핵심단어 사이에 어떤 차이가 있는지 발견할 수 있을 것이다.

이런 측면에서 생각해볼 때 문제가 발생되는 원인은 2가지다. 하나는 판단의 기준이 되는 핵심 가치가 없는 경우이고, 다른 하나는 핵심가치에서 벗어난 경우이다.

예를 들어보자.

처칠이 어떤 어려움 앞에서 무릎을 꿇고 포기를 했다.

GE가 1등을 추구하지 않는다.

간디가 폭력적인 방법으로 저항을 한다.

칭기즈칸 군대가 한곳에 안주하거나 느리게 움직인다.

구글이 검색 분야를 접었다.

이러한 상황을 상상할 수 있는가? 이처럼 핵심단어는 핵심 전략이며, 절대 양보해서는 안 되는 가치관이자 정체성이다. 반대로 어떤 상황에서든 문제를 해결하기 위해서는 핵심단어를 중심으로 새로운 방안을 도출하는 것이 본질에서 벗어나지 않는 방법이다. 그리고 적용 과정에서 시행착오와 완전히 벗어나지 못한 고정관념이 걸림돌이 될 수 있는데, 그런 장애물 역시 핵심단어를 중심으로 버려야 할지 여부를 판단할 수 있다.

사람들의 문제는 결국 비슷한 패턴으로 이루어져 해결 방안 역시 같은 맥을 가지고 있다. 또한 자신의 역량을 높이기 위한 방법도 같은 방향에서 찾을 수 있다. 그것은 핵심, 근본 원리를 파악하는 것이다.

학생들의 공부나 기업에서의 경영, 전쟁에서의 전략 수립 등 모두 승리하기 위한 변하지 않는 핵심 포인트가 있다. 그것을 핵심단어나 문장으로 표현해 사고의 기준을 세우는 것이 중요하다. 그것을 정확하게 잡아낼 수 있는 안목이야말로 진정한 발전을 보장해준다.

질문하기

질문은 자신이 어떤 방향으로 생각하고 행동할 것인지를 안내한다. 따라서 우리는 스스로 끊임없이 더 나은 질문을 던지는 훈련을 해야 한다. 더 나은 질문이 더 나은 결과와 대답을 만든다.

사람이 동물들과 다른 특별한 점이 있다면 그것은 바로 질문을 할 수 있다는 것이다. 질문을 통해 인간으로서의 가장 본질적인 답을 찾아갈 수 있다. 즉 질문이 없는 사람은 인간으로서의 존엄성을 유지할 수 있는 수단을 포기하는 것이나 다름없다. 이것은 지나친 말이 아니다. 질문은 그만큼 중요하다.

현재 처한 고통 속에서 빠져나오고 싶다면, 난마처럼 얽힌 상황 속에서 해답을 찾고 싶다면 질문을 던져라. 어떤 질문을 던져야 하는지 안다면 비상구를 찾는 일은 어렵지 않다. 문제 속에서 헤어나지 못하거나 핵심을 포착하지 못하는 이유는 합당한 질문을 모르기 때문이다.

질문과 해법의 관계는 다음과 같다.

- 현명한 질문을 하면 현명한 답을 얻는다.
- 아름다운 질문을 하면 아름다운 답을 얻는다.
- 핵심을 찌르는 질문을 하면 핵심적인 답을 얻는다.
- 어리석은 질문을 하면 어리석은 대답을 얻는다.
- 변죽만 도는 질문은 두루뭉술한 답을 얻는다.

신기하게도 우리의 두뇌는 무엇이든 묻기만 하면 답을 찾아낸다. 두뇌에는 우리가 상상할 수 없을 정도로 엄청나게 많은 정보가 들어 있다. 질문은 일종의 버튼이나 마찬가지다. 버튼을 누르면 무엇이든 나오게 되어 있다. 하지만 이때 유의해야 할 것은 그 답이 모두 정답은 아니라는 사실이다. 우리가 선택해야 할 답은 정말 깊이 생각하지 않으면 안 된다. 질문에 대해 쏟아지는 여러 가지 대안 중에서 선택할 수 있는 것이 없을 수도 있다. 그러한 경우에는 더 깊이 있는 질문이 필요하다.

4장
통찰력은 질문에서 나온다

자신의 내면에 질문을 던지면
그 질문이 자신을 통제하게 된다.
통제력은 질문을 하는 사람이 갖는다.
내가 나 자신에게 질문을 던지는 것은
자신에 대한 통제력을
행사하는 것이며, 주도적인 삶을
살 수 있는 핵심 열쇠인 것이다.
우리가 항상 선택의 기로에서
고민할 때, 등대가 되어줄 수 있는 것이
바로 질문이다.
질문이 없다면 현명한 선택과
집중은 불가능하다.
책읽기에서 가장 중요한 것이
바로 질문하기라고 했다.
질문이 없는 책읽기는 사고의 전환,
패러다임의 변화를 절대로 이끌 수 없다.
좋은 질문은 정답을 찾기 위한
마법의 열쇠다.
질문은 요령이 아니라
전략적이어야 한다.

FOCUS THINKING

선택은 천재처럼, 집중은 바보처럼 하라

책읽기의 새로운 패러다임인 포커스 리딩에서 가장 중요하게 생각하는 책읽기의 기술은 '질문하기'다. 책을 잘 읽는다는 것은 질문을 잘한다는 것과 같다. 질문이 없다면 책읽기는 허사다. 왜냐하면 저자와의 커뮤니케이션이 수박 겉핥기식으로 이루어지기 때문이다.

사람들이 세상 사람들과 소통하는 방법은 참으로 다양하다. 글, 말, 그림, 수학, 과학, 음악, 무용 등 모든 것이 결국 세상과 소통하기 위한 표현 방식이다. 이런 다양한 방식 가운데 깊이와 폭을 확장해주는 것은 무엇인가? 그것이 바로 질문이다. 질문이 없다면 소통은 불가능하다. 자기 자신에게서 시작해 자연에게, 사물에게, 스승에게, 청중에게, 그리고 신에게. 모든 대상에게 질문을 던짐으로써 자신이 추구하는 소통이 가능해진다.

데일 카네기는 말했다.

> "누군가로 하여금 무언가를 하게 만드는 길은 오직 하나뿐이다. 그것은 바로 그들이 원하도록 만드는 것이다."

원하는 것을 어떻게 찾을 것인가? 설득의 달인은 말하는 것보다 질문을 던진 후 귀를 기울이는 방법을 아는 사람이다. 상대방이 스스로 설득될 수 있게 그들에게 질문을 던진 후 말하도록 하는 것이다. 듣고 있지만 주도권은 질문하는 사람에게 있다. 소통의 오류는 질문을 하지 않기 때문에 생기는 것이다.

남들이 보지 못하는 것을 보고, 나만의 핵심 경쟁력에 집중하려면 평범한 눈으로는 불가능하다. 보이지 않는 것을 보고 자신만의 핵심 경쟁력을 발견하는 것은 그 수준에 합당한 질문을 던지는 사람에게만 주어지는 선물이다.

복잡한 세상에서 무엇을 선택할 것인지를 알지 못하면 실패와 좌절은 피할 수 없다. 결정적으로 멍청한 선택을 3번만 하면 인생은 치명적으로 망가진다고 한다. 선택은 천재처럼 하고 집중은 바보처럼 해야 한다. 우리가 항상 선택의 기로에서 고민할 때, 등대가 되어줄 수 있는 것이 바로 질문이다. 질문이 없다면 현명한 선택과 집중은 불가능하다.

남들이 가지지 못한 차별화된 능력과 전문 지식은 질문에서 시작되는 것이다. 평범하게 보이지만 치명적인 함정에 빠지지 않고, 버려야 할 것을 변별하는 것도 역시 질문을 함으로써 가능해진다.

인간에게만 주어진 신의 선물이 바로 질문이며, 자유의지란 질문을 할 수 있다는 또 다른 표현이다. 삶을 현명하게 살아가는 것도 질문을 통해서만 실현될 수 있다. 책읽기만이 아니라 자신의 인생을 정확하게 읽기 원한다면 지혜로운 질문을 던져야 할 것이다.

HP를 세계적인 기업으로 부상시킨 칼리 피오리나는 이렇게 말했다.

> "모든 인생 경험은 크거나 작거나 어떤 교훈을 준다. 질문은 교훈을 주기보다는 스스로 깨닫게 한다."

FOCUS THINKING

패러다임을 뛰어넘는 질문이 역사를 바꾼다

유목민들이 생존을 위해 항상 던지는 질문은 '어떻게 하면 물 가까이 갈 수 있을까?' 였다. 그들에게는 오아시스의 위치를 아는 것이 최고의 정보였다. 오아시스는 그들에게 생존의 유일한 끈이기 때문이다.

그러나 농경민들의 질문은 조금 달랐다. '어떻게 하면 우리에게 물을 끌어올 수 있을까?' 물이 있는 곳을 찾아가는 것이 아니라 자신들이 있는 곳으로 어떻게 물을 끌어올 것인지에 대해 고민했던 것이다. 물을 다스리는 노하우가 이들의 관심사였다.

역사는 결국 물을 어떻게 바라보느냐 하는 관점의 차이에서 승부가 갈렸다. 물이 있는 곳을 찾아 헤매던 사람들은 지금도 여전히 그 생활에서 벗어나지 못하고 있다. 하지만 물을 자신들에게 유리한 방향으로 끌어와 사용하는 것을 고민했던 사람들은 문화와 문명을 이끄는 인류사의 주체가 되었다.

그렇다면 '물'이 상징하는 것은 무엇일까? 단순히 유목민과 농경민들만의 질문일까? 물을 찾아가는 것과 물을 끌어오는 것이 무엇을 의미하는지 이해하겠는가? 이 질문은 미래를 바라보며 생존을 고민하는 우리들의 질문이어야 한다.

흔히 사고의 전환, 패러다임을 바꾸지 않으면 안 된다고 말한다. 그렇다면 어떻게 해야 사고를 전환할 수 있단 말인가? 이런 요구를 구호가 아닌 실제로 실천하기 위해서는 질문이 달라져야 한다. 질문의 성격에 따라 결과도 달라진다.

책읽기에서 가장 중요한 것이 바로 질문하기라고 했다. 책을 빠르고 정확하게 이해하는 것도 중요하지만 질 높은 책읽기를 위한 핵심 중 핵심은 질문하기다. 책읽기를 통해 자신의 삶이 조금이라도 변할 수 있다고 믿는다면 지금부터라도 어떤 질문을 어떻게 던져야 할지를 생각해봐야 한다. 질문이 없는 책읽기는 사고의 전환, 패러다임의 변화를 절대로 이끌 수 없다. 질문의 수준이 책읽기의 수준을 결정짓기 때문이다.

우리의 삶을 통해 얻을 수 있는 결실의 종류는 이미 질문에 의해 우리에게 입력되어 있다. 질문과 대답은 사실상 같은 것이다. 그렇다. 자신이 얻고자 하는 바대로 질문해야 한다. 자신의 삶에서 무엇인가를 배우고 그에 따라 스스로 변화할 뜻이 있는가? 있다면 천재적인 유태인 아인슈타인이 말한 다음과 같은 방법을 기억해두자.

"매사에 질문하라."

지혜의 보고라 일컬어지는 《탈무드》 역시 유태인들을 가르치는 교육의 핵심은 질문하기다. 탈무드는 질문을 통해 사고의 깊이와 폭을 넓게 만든다.

"질문하지 않는 것은 배움을 거부하는 것이다."

정말 중요한 질문은 자기 자신에게 하는 질문이다. 어떤 문제에 직면했다면 다음과 같이 질문하고 스스로 대답해보자.

- 이 문제에 대해 나는 어떻게 생각하는가?
- 나의 목적은 무엇인가?
- 내가 정말 말하고자 하는 것은 무엇인가?
- 어떻게 하면 이 질문을 가장 적절하게 표현할 수 있을까?
- 지금 원하는 곳에 와 있는가?
- 무엇을 하고 싶은가?
- 어떤 선택을 할 수 있는가?
- 목표를 달성하기 위해서 필요한 것은 무엇인가?

• 목표를 달성하기 위해 무엇을 바꿀 것인가?

• 무엇을 질문할 것인가?

좋은 질문은 정답을 찾기 위한 마법의 열쇠다. 질문을 통해 근본적으로 자신의 문제점을 이해하고 무작정 다른 사람들을 추종하는 모습에서 탈피해야 한다.

TIP

게임의 룰을 바꾸려면 질문을 바꿔라

대부분의 사람들은 토끼와의 경주에서 반드시 이겨야만 하는 상황에 처한 거북이의 입장이다. 주어진 여건과 자원은 항상 불리하고 열악하다. 이 글을 읽고 있는 자신이 거북이의 입장이라면 어떻게 하겠는가?

동화책에서 나오는 토끼와 달리 경쟁자는 낮잠을 자지 않는다. 오히려 자신보다 더 열심히 쉬지 않고 달린다. 도저히 이길 방법이 없는데 경쟁은 피할 수 없다면, 모든 상황을 잠시 멈추고 생각해봐야 한다. 어떤 전략이 필요할까? 아무리 열심히 노력을 해도 거북이가 토끼보다 산꼭대기에 더 빨리 오를 수는 없다.
그렇다면 거북이는 자신의 강점으로 승부를 걸어야 한다. 낮은 곳에서 높은 산꼭대기를 오르는 것이 아니라, 산꼭대기에서 내려오기 방식으로 게임의 룰을 바꾸는 것이다. 절벽이나 급경사에서 온몸을 던져 굴러내려 온다면 거북이가 이길 가능성이 있다. 즉 상대의 강점은 내 입장에서는 약점이지만, 상대의 약점은 나에게 강점이 될 수 있다.
다음은 앤서니 라빈스의 《네 안에 잠든 거인을 깨워라》에 나오는 말이다.

"질문은 우리가 상상하는 것 이상으로 강력한 도미노 효과를 유발한다. 우리가 부딪히는 한계에 대해 제기하는 질문은 삶의 장벽들을 무너뜨린다. 나는 모든 인간의 진보가 새로운 질문에서 비롯된다고 믿는다."

FOCUS THINKING

대화를 통제하는 질문력

자신의 내면에 질문을 던지면 그 질문이 자신을 통제하게 된다. 통제력은 질문을 하는 사람이 갖는다. 내가 나 자신에게 질문을 던지는 것은 자신에 대한 통제력을 행사하는 것이며, 주도적인 삶을 살 수 있는 핵심 열쇠인 것이다.

한편 다른 사람이 나에게 질문을 던지게 되면 그 순간부터 입장은 바뀌게 된다. 자신에 대한 통제력을 상대방에게 넘겨주게 되는 것이다. 그러므로 스스로 질문을 하는 것이 매우 중요하다.

질문을 할 때 다음의 3가지 방법을 활용해보자.

첫째, 대답의 핵심 및 근본 논리를 파악하기 위해 '왜?'라고 질문하라.

어떤 문제든 '왜?'라는 의문이 중요하다. '왜'는 원인과 본질을 찾기 위한 질문이다. 모든 문제의 최고 가치는 목적, 즉 '왜?'에 집중된다. 첫 질문이 제대로 이루어지지 않으면 전체의 방향을 잃게 된다. 새로운 시각을 갖기 위한 모든 질문은 '왜?'에서 출발한다. '왜?'는 문제를 구체화한다는 측면에서 자연스럽게 '무엇?'이라는 질문을 이끌어낸다.

책을 읽기 전에 자기 자신에게 물어보라. '왜 이 책을 선택했는가? 구체적으로 무엇을 얻고 싶은가?' 읽고 난 후에도 같은 질문을 던져보라. 읽기 전에도 질문을 해 목적을 생각해야 하고, 읽고 난 후에도 그 목적을 제대로 달성했는지를 물어야만 책읽기가 마무리된다.

자기 자신에게 질문을 했다면, 그 다음에는 저자에게 질문을 해보자.

예를 들어 《노인과 바다》의 저자 헤밍웨이에게 질문해보자. 그는 왜 책 제목을 '노인과 바다'라고 지었을까? '노인'과 '바다'가 상징하는 바는 무엇이며, 둘 사이의 관계는 무엇인가? 이 질문이 헤밍웨이의 본질적 의도를 이해하는 데 가장 중요한 열쇠다. 이 질문에 대한 답을 스스로 찾지 못한다면 《노인과 바다》라는 작품을 이해하는 것은 불가능하다.

이처럼 책을 읽으면서, 또 읽고 난 후에 질문에 대한 답을 스스로 생각하는 것이 저자와 소통하는 것이다. 저자가 책을 통해 말하려는 바가 무엇인지, 메시지를 왜 그러한 방식으로 전달하고 있는지를 질문해야 비로소 소통이 시작된다.

둘째, '왜?'에 대한 답을 얻었다면 '어떻게?'라는 질문을 하라.

더 이상 새로운 방법을 찾을 수 없을 때까지 '어떻게?'를 반복하라. '어떻게?'는 결과를 만들어주며, 새롭고 더 효율적인 길을 발견하게 해준다. 변화와 개선이 필요하다면 언제나 '어떻게?'로 시작하는 질문을 만들어보자.

- 불가능을 가능으로 바꾸려면 어떻게 해야 할까?
- 복잡한 문제를 단순하게 바꾸려면 어떻게 해야 할까?
- 어려운 상황을 풀어가기 위한 핵심을 어떻게 포착할 수 있을까?
- 조직의 역량을 높이기 위해서는 어떻게 해야 할까?
- 생각과 습관, 고정관념을 바꾸기 위해서는 어떻게 해야 할까?
- 이 책의 메시지를 어떻게 내 삶에 적용할 수 있을까?
- 책 속에서 어떻게 나에게 필요한 메시지를 골라낼 수 있을까?
- 저자가 나의 입장이라면 어떤 결정을 했을까?

셋째, 창의성을 자극하는 가정형 질문인 '만약'을 활용하라.

'만약'이라는 단어를 사용하면 다양한 상상력을 동원해 어디로든 날아갈 수 있고, 기대하지 못했던 결과를 얻을 수도 있다.

- 만약 지금 내가 알고 있는 것이 진실이 아니라면?
- 만약 내가 다른 선택을 한다면?
- 만약 이것이 나에게 가능한 일이라면?

• 만약 내가 해마다 한 권의 책을 쓸 수 있다면?

• 만약 내가 책임져야 할 일이 있다면?

질문은 요령이 아니라 전략적이어야 한다. 깊이 파고들어야 한다. 끝이 보일 때까지 검증 작업을 거쳐야 한다. 질문을 할 때에는 가급적이면 간단한 문장으로 구성된 직접화법을 사용하는 것이 좋다. 그리고 주제에 집중해야 한다. 주제에서 엇나간 질문 하나가 수많은 시행착오를 불러오기 십상이다.

빅터 프랭클은 《죽음의 수용소에서》를 통해 인간이 가진 마지막 자유가 무엇인지를 묻고 있다. 그는 모든 자유와 행동이 통제되고, 자신의 목숨까지도 스스로 결정할 수 없는 환경이었던 아우슈비츠 수용소에서 누구도 빼앗아갈 수 없는 마지막 자유가 무엇인지 깨달았다.

> "주어진 환경에서 자신의 태도를 결정하고, 자기 자신의 길을 선택할 수 있는 내면의 자유다."

그는 삶을 의미 있고 가치 있는 것으로 만드는 것, 그 빼앗기지 않는 영혼의 자유가 모든 인간에게 주어져 있음을 말하고 있다. 그는 수용소에 갇혀 있음에도 불구하고 수감자의 내면적 자아에 대한 최종적인 책임은 심리적, 육체적 요인에 있는 것이 아니라 수감자의 자유의사에 따른 결정에 있다고 말했다.

내면에 대한 선택의 자유는 자신의 삶에 대한 가치 판단을 함으로써 가질 수 있으며, 질문을 통해 스스로 찾을 수 있다. 상상할 수 없는 고통과 압박이 주어지는 수용소 안에서 살아남은 사람들은 왜 살아야 하는지 그 이유를 명확하게 알고 있었으며, 그랬기 때문에 그들은 그 어떤 상황도 견뎌냈다고 한다.

이들이 자신에게 끊임없이 던졌던 질문은 무엇이었을까? 존재 가치에 대한 질문인 '왜?'와 어떤 사고를 할 것인지에 대한 질문인 '어떻게?', 그리고 내면의 자유를 유지하기 위한 상상력의 열쇠인 '만약'에 대한 것이 아니었을까?

결국 질문은 삶과 죽음의 갈림길에서 어떤 선택을 할지에 대한 결정을 하게 만든다. 책을 읽으면서 책 속의 사람인 저자와 책 밖의 사람인 자기 자신에게 진지한 질문을 던지는 것이 얼마나 중요한 것인지 이해할 수 있기를 바란다.

TIP

'if(만약)'의 힘

'Life'는 생명 혹은 삶이라는 뜻이다. 이 단어 속에는 우리가 쉽게 지나칠 수 있는 또 다른 의미가 숨어 있다. 그것은 바로 'if'라는 단어다. life의 한가운데에 if가 있다. if란 가능성을 의미한다. 새로운 관점, 통념을 깨는 질문이 바로 if다. 삶 속에는 수많은 가능성과 새로운 도전의 여지가 존재한다.

어떤 어려움에 처하거나 좌절할 때 할 수 있는 가장 쉬운 일은 포기하는 것이다. 그러나 포기하지 않는다면 새로운 길을 발견할 수 있다. 가능성을 포기하지 않기 때문에 우리는 책을 읽는 것이다. 책을 읽는 것은 가능성에 대한 수많은 상상을 할 수 있게 만드는 최선의 방법이다. 만약 당신이 어떤 일이든 상상할 수 있다면 그것은 현실로 이루어질 가능성이 있다. 현실은 상상력의 범위를 벗어나지 않는다.

그렇다면 어떤 가능성을 상상할 것인가? 부정적이고 패배적이며 불가능을 상상한다면 현실 또한 그렇게 될 것이다. 하지만 자신이 추구하는 가치관과 일치하는 미래지향적이고 긍정적인 상상을 한다면 그 또한 현실로 다가올 것이다.

보이는 것만 보려 하지 말고 보이지 않는 것, 자신이 간절히 원하는 그림을 머릿속으로 생생하게 그려보라. 자신이 어떤 목적을 가지고 바라보느냐에 따라 삶의 질은 달라진다. 사람들은 같은 하늘 아래 살고 있지만 하늘을 향한 시선은 모두 다르다. 갈매기 조나단 리빙스턴 시걸은 언제든지 가고 싶은 곳으로 갈 수 있음을 깨닫는 순간 시간과 공간의 제약에서 해방되었다. 자신이 생각하는 곳은 어디든지 자유롭게 이동할 수 있음을 깨달았던 것이다.

아인슈타인에게는 풀리지 않는 숙제가 있었다. '왜 빛의 속도는 항상 일정한가?' 그는 한동안 광속불변의 원인을 규명하려고 노력했지만 도무지 알 수 없었다. '만약 빛의 속도가 어떤 좌표계에서도 일정하다면 어떤 일이 일어날까?' 그의 고민을 해결해준 도구는 if였다. 아인슈타인은 자신이 빛을 타고 우주 공간을 이동하는 모습을 상상하면서 인류의 물리학 역사를 근본적으로 바꿔놓았다.
if의 힘은 인류 역사상 가장 위대한 발견을 만들어냈다. 콜럼버스는 '만약 서쪽으로 계속 항해한다면?'이란 질문으로 신대륙을 발견했다. 인터넷이 세상에 등장한 것도 미국이 '만약 소련이 인공위성으로 핵폭탄을 미국 본토에 투하한다면?'이라는 생각에서 시작되었다. 1957년 소련이 인공위성 발사에 성공하면서 미국은 정부의 중요 정보를 분산 저장해야 할 필요성을 느꼈다. 1969년 9월 캘리포니아대학교와 스탠포드 연구소에 설치된 컴퓨터가 국방성의 메인 컴퓨터와 연결되면서 등장한 것이 바로 인터넷이다.

경우에 따라 if는 why보다 더 위대한 결과를 가져오기도 한다. 근본적인 원인과 해법을 찾는 질문인 why에서 길이 막힐 때 새로운 돌파구를 제공하는 것이 if다. why가 순차적인 논리를 추구하는 연역법적인 접근방법이라면, if는 반대 방향에서 접근하는, 즉 결과에서 출발하는 일종의 귀납법적인 접근방법이다.

5장
변화를 만드는 똑똑한 책읽기

책읽기는 요리와 같다.
훌륭한 요리사가 목적에 맞는
재료를 수집하듯이 자신의
삶의 목적에 부합하는 책을
선택할 수 있어야 한다.
그리고 적절하게 익히며 맛을 내듯이
책을 다양한 방법으로 이해하고
저자와 깊이 있게 소통하며,
여러 방법으로 활용할 수 있어야 한다.
이것이 제대로 된 책읽기다.
제대로 된 책읽기를 하기 위해
결코 빼놓을 수 없는 것이
일정 기간 동안 한 주제에
집중하는 것이다.
최고의 전문가라 손꼽히는
멘토들이 쓴 책을 집중적으로
학습하고 나면 그로부터 파생된
수많은 사람들의 책은 이해하기에
전혀 무리가 없을 것이다.

FOCUS THINKING

책읽기는 요리와 같다

자신이 요리사라고 가정해보자. 요리를 하기 전에 먼저 요리를 하는 목적이 무엇인지를 생각해야 한다. 손님을 접대하기 위한 것인지, 가족 모임을 위한 것인지, 아니면 단순히 요리사가 되기 위한 연습일 수도 있다. 어쨌든 요리를 하는 어떤 목적이 있을 것이다.

목적에 맞게 메뉴를 결정해야 한다. 메뉴를 정했다면 적합한 재료를 구해야 한다. 좋은 재료는 훌륭한 요리를 만드는 데 매우 중요한 요소다. 어쩌면 재료가 요리의 품질을 결정짓는 것이라 해도 과언이 아니다. 그래서 일류 요리사일수록 재료를 보는 눈이 뛰어나다. 한눈에 재료의 신선함과 품질을 파악해 선택한다.

모든 준비가 끝났다면 본격적으로 요리를 시작한다. 적절한 온도에서 끓이거나 굽고 양념 등으로 맛을 낸다. 재료를 다루는 방식은 그야말로 다양하다. 익히는 방식과 양념에 따라 같은 재료라고 할지라도 맛은 천차만별이다.

이때 실력이 좋은 요리사일수록 먹는 사람의 입장을 더 많이 배려한다. 맛과 영양은 물론, 먹고 난 뒤까지도 생각하는 것이다. 먹을 때는 맛있었지만 먹고 난 후 위장에 부담을 주거나 소화가 잘 되지 않는 요리는 좋은 요리가 아니다.

이처럼 요리는 목적에서 출발해 메뉴 결정-재료 수집-재료 손질-조리하기-맛있게 먹기-소화 및 흡수 등 전 과정이 일관성을 유지해야만 한다. 어떤 부분이든 소홀히 하게 되면 제대로 된 작품이 나올 수 없다. 하나의 요리는 이 모든 과정을 포함하고 있으며, 요리사는 먹는 사람의 입장에 맞춰 맛과 영양, 그리고 소화까지 생각해야 하는 것이다.

요리를 책읽기와 비교해 생각해보자. 책읽기 역시 가장 먼저 목적을 생각해야 한다. 어떤 목적으로 책을 읽을 것인지에 대해 생각이 정리되지 않고서는 제대로 된 책읽기를 할 수 없다. 그 뒤에 해야 할 일이 재료 수집, 즉 책을 선택하는 일이다.

우리가 '책을 읽었다'고 하는 행위는 어디까지를 말하는 것일까? 이 질문은 기존의 책읽기에 대한 관점을 바꾸는 데 매우 중요한 열쇠가 된다. 기존의 책읽기에 대한 정의, 즉 사전적 의미로는 '책을 그 내용과 뜻을 헤아리거나 이해하면서 읽는 것'이라고 설명된다.

이것이 책읽기의 전부인가? 그렇다면 요리의 정의를 '재료의 성질과 특성을 이해하고 수집하는 것'이라고 하는 것과 같다.

지금부터라도 우리는 생각의 폭을 넓히지 않으면 안 된다. 책을 읽고 이해하는 것으로 끝나는 것이 책읽기라면, 그것은 단순히 재료 수집만을 요리의 전부라고 말하는 것과 다르지 않다. 제대로 된 요리사라면 요리를 먹고 소화하는 것까지 염두에 두어야 하는 것처럼, 제대로 된 책읽기 역시 단순히 이해하며 읽는 차원을 넘어 자신의 목적에 맞게 적용하고 활용하는 것까지 포함해야 하는 것이 마땅하다.

사전적 의미의 책읽기는 궁극적인 어떤 목적을 위해 지식과 정보를 수집하는 행위일 뿐이다. 진짜 책읽기는 그 이후의 조리과정이라고 생각하는 것이 정확하다.

책읽기에서의 조리과정은 반복 읽기를 통한 되새김질, 저자의 핵심 메시지를 요약해 정리하고 자신에게 필요한 내용을 추리거나 편집하는 일, 그리고 어떤 목적에 맞도록 가공하고 활용하는 것 등이다. 이러한 후속과정이 없다면 아무리 책의 내용을 헤아리고 이해했다고 할지라도 기억에 남는 것은 거의 없으며, 활용 자체가 불가능하게 되는 것이다. 그럴 바에야 무엇 때문에 책을 읽는단 말인가?

헤르만 헤세는 《책읽기의 기술》에서 이렇게 말했다.

"멍청한 책읽기는 인생을 좀먹는 행위다."

다시 한 번 깊이 생각해보기 바란다. 책읽기는 요리와 같다. 훌륭한 요리사가 목적에 맞는 재료를 구입하듯이 자신의 삶의 목적에 부합하는 책을 선택할 수 있어야 한다. 그리고 적절하게 익히며 맛을 내듯이 책을 다양한 방법으로 이해하고 저자와 깊이 있게 소통하며, 여러 방법으로 활용할 수 있어야 한다. 이것이 제대로 된 책읽기다.

FOCUS THINKING

주제 및 저자 중심으로 반복해서 읽어라

제대로 된 책읽기를 하기 위해 결코 빼놓을 수 없는 것이 있다. 그것은 일정 기간 동안 한 주제에 집중하는 것이다. 교양을 위한 책읽기를 하다 보면 자칫 주제의 범위가 매우 넓어질 수 있다. 물론 책읽기를 너무 좁고 깊게만 해서도 안 된다. 하지만 뚜렷한 목적과 방향을 잡고 나름대로의 열매를 얻기 위해서는 일정 기간 동안 한 주제에 집중할 필요가 있다.

어떤 주제를 깊이 있게 이해하기 위한 최선의 방법은 그 분야의 대가들을 집중적으로 연구하는 것이다. 경제, 경영, 마케팅, 자기계발, 미래학, 커뮤니케이션, 역사, 철학 등 어떤 분야든 최고의 전문가라고 손꼽

힐 만한 멘토들이 있다. 그런 대가들이 쓴 책을 집중적으로 학습하고 나면 그로부터 파생된 수많은 사람들의 책은 이해하기에 전혀 무리가 없을 것이다.

예를 들어 미래학의 대가인 앨빈 토플러는 1970년대부터 대략 10년 주기로 새로운 책을 한 권씩 세상에 선보이며 자신의 분야에서 확고한 위치를 확보했다. 《미래충격》, 《제3의 물결》, 《권력이동》, 《부의 미래》 등으로 이어지는 그의 저서를 시대적 순서대로 깊이 있게 이해하며 읽다 보면, 그가 바라보는 세상의 흐름이 어떤 것인지 체계적으로 정리할 수 있게 된다. 미래학에 대해 말하는 대부분의 책들이 결국 앨빈 토플러를 뿌리 삼아 파생된 것이므로, 그를 깊이 있게 이해하는 것은 해당 분야를 깊게 학습하는 것과 같은 효과가 있다.

경영학에서는 필립 코틀러, 톰 피터스, 게리 하멜 등이 있고, 자기계발 분야에서는 나폴레옹 힐, 멕스웰 몰츠, 데일 카네기 등이 있다. 한 분야에서 뿌리가 되는 사람들을 찾아 그들을 집중적으로 공부하는 것, 이것이 책을 선택하는 기본적인 기준이며 내공을 축적하는 책 읽기 방식이다.

일정 기간 동안 집중적인 학습을 통해 해당 분야의 지식을 체계적으로 확보하자. 그리고 조금씩 관심 범위를 넓혀 간다면 새로운 분야 역시 그다지 어렵지 않게 또 다른 열매를 맛볼 수 있게 될 것이다.

모든 책읽기의 대전제는 '반복 읽기'여야 한다. 극단적으로 말하자면 반복해서 읽지 않을 책은 아예 처음부터 읽지 않는 것이 낫다. 어떤 책이든 반복해서 읽어야만 두뇌에 정보로써 저장되기 때문이다. 그리고 반복해서 읽어야 저자의 의도와 핵심 메시지를 더욱 정확하고 깊이 있게 이해할 수 있다.

이 책의 1부에서 이야기했던 2막 인생을 만들기 위한 책읽기를 기억하는가? 자신의 삶에서 집중할 하나의 주제를 정하고 최고의 멘토가 쓴 10권의 책을 선정한 후 10번 이상 반복해서 읽는 것이 1차 변곡점을 만들 수 있는 매우 좋은 방법이라고 강조한 바 있다.

베스트셀러를 읽는답시고 이 책 저 책 함부로 손대지 마라. 많은 책을 무작정 읽으면 도움이 될 것이라는 환상을 버려라. 현명한 책읽기를 하지 않으면 책은 당신의 삶에 기대한 것보다 훨씬 못 미치는 결과만 남길 뿐이다.

앞에서 속도와 정확도를 동시에 높이기 위한 방법도 강조한 바 있다. '중요한 것만 추려내고 나머지는 버려라.' '두뇌의 양면성을 활용하라.' '글자를 읽는 것이 아니라 중요한 것을 찾아내는 것이다.' 그러나 혹시 놓치는 것이 있거나 왜곡해 이해하는 부분이 있을 경우 천천히 읽는 것과 비교했을 때, 오히려 손해를 보는 것이 아닐까 하는 염려를 할 수도 있을 것이다. 반복 읽기는 그런 염려를 해소할 수 있는 좋은 방법이다.

정리해보자. 책을 반복해서 읽는다는 가정 하에, 처음에는 주요 내용 중심으로 골격을 잡고, 반복해 읽으면서 핵심 메시지에 대해 깊이와 폭을 확장하는 것이 좋은 책읽기다. 가장 단순하지만 강력한 학습법으로 반복 읽기보다 더 효과적인 전략은 없다는 것은 이미 오래 전부터 수많은 사람들이 증명한 사실이다.

FOCUS THINKING

질을 높이는 책읽기

질을 높이는 책읽기, 이것은 테크닉의 문제가 아니라 책을 대하는 자세에 달려 있다. 앞에서 책에 대한 정의를 다음과 같이 내렸다.

'책은 사람이다.'

모든 것은 이 정의에서 출발해야 한다. '책은 사람이다'라는 정의를 그저 그런 구호 정도로 생각해서는 안 된다. 책을 인생의 멘토, 정신적인 스승이라고 생각해야 어떻게 접근할지 그 방법을 찾을 수 있다.

❖ 질을 높이는 책읽기의 단계

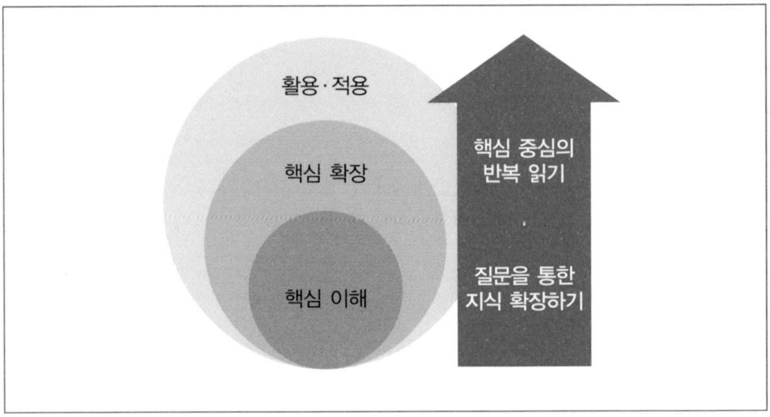

필자는 포커스 리딩을 배우는 사람들에게 다음과 같은 선서를 시킨다.

"나는 반복해서 읽지 않을 책은 처음부터 읽지 않겠다."

이것은 책읽기의 가장 기본자세이며 필요조건이다. 거장 피터 드러커의 책을 읽는다면 그에 대한 예의를 갖춰야 하지 않을까? 그저 한 번 읽고 그의 메시지를 알았다고 생각하는 것은 스스로 함정에 빠지는 것과 다름없다. 한 권의 책은 저자의 인생, 즉 오랜 시간을 통해 알게 된 지식과 경험, 철학, 가치관 등 모든 것이 들어 있다. 그것은 눈에 보이는 텍스트 이면에 더 많이 숨어 있다. 그런 깊이를 어떻게 단번에 이해하고 자신의 삶에 적용할 수 있겠는가.

피터 드러커를 알고 싶다면 그가 하는 말을 수 없이 되새김질해봐야 한다. 그러면서 조금씩 더 깊게 이해하게 되고, 자신의 삶에 유익하게 활용할 수 있다.

책과 소통하기 위해서는 다음의 3가지 원칙을 기억해두기 바란다.

첫째, 신중하게 선택하고 깊이 사귀어라.

둘째, 반복해 읽음으로써 진면목을 이해하라.

셋째, 경청하고 질문하라.

인생은 어떤 사람을 만나느냐에 따라 방향과 삶의 질이 달라진다. 책읽기 역시 어떤 책을 읽느냐에 따라 독서의 질과 그로 인한 삶의 방향이 달라진다. 그러므로 사람을 선택하듯이 신중하게 책을 선택해야 한다. 책을 선택할 때는 평생의 친구를 사귀듯이 깊이 있게 소통해야 한다. 무작정 많은 사람을 사귄다고 해서 좋은 것은 아니다. 책 역시 무작정 많이 읽는다고 해서 좋은 것은 아니다. 질 높은 책읽기를 통해 삶의 질을 높여야 한다.

한 번 만나서야 어떻게 친구가 되겠는가? 오랫동안 반복해서 만날 수 없다면 감히 친구라고 말할 수 없다. 책도 그렇다. 시간을 두고 반복해서 읽어야 저자의 진짜 메시지를 이해할 수 있고 자신의 삶에 적용할 수 있게 된다. 그래서 반복 읽기가 중요하다. 반복해서 읽지 않을 바에는 차라리 책읽기를 하지 마라. 괜히 시간과 기회비용을 낭비할 뿐이다.

세상에서 가장 무서운 것이 바로 반복이다. 어떤 것도 반복 훈련을 통해 이루지 못할 것이 없고, 어떤 돌부처 같은 사람일지라도 세뇌되지 않는 사람이 없다. 반복된 주입을 통해 형성된 지식과 가치관은 쉽게 흔들리거나 잊혀지지 않는다. 학습의 최고 전략은 반복이다.

포커스 리딩, 이렇게 훈련하라

책읽기의 새로운 패러다임인 포커스 리딩은 조금만 노력하면 누구나 쉽게 따라할 수 있는 독서법이다. 지금까지의 설명은 포커스 리딩의 1단계로 책읽기를 제대로 하기 위한 마음을 다잡는 전초전에 불과하다.

포커스 리딩은 읽기와 아웃풋으로 구분된다. 2단계의 전체 파악하기와 속도 뛰어넘기, 3단계의 스키핑&스캐닝은 빠르고 정확하게 읽는 방법을 설명한다. 그리고 4단계 핵심단어 뽑아내기, 5단계 질문하기는 One Page 독서노트를 활용한 정리 방법을 설명한다. 즉 입력과 출력의 균형을 맞춰야만 책읽기가 마무리되는 것이다.

출력에 해당하는 One Page 독서노트는 3부에서 자세하게 설명할 것이다. 여기에서는 빠르고 정확하게 읽는 방법을 집중적으로 살펴보자.

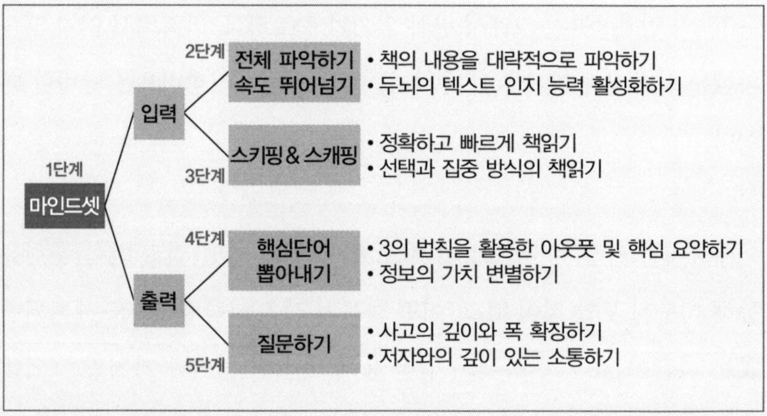

포커스 리딩 단계별 훈련 방법

1단계

마인드셋

마인드셋은 따로 훈련하는 것이 아니다. 이 책의 1부 전체가 마인드셋에 관한 설명이다. 책과 자신의 삶이 어떤 관계가 있는지, 삶의 설계를 책읽기와 연관해 정리하는 것이다. 사실 책읽기의 기술보다 마인드셋이 훨씬 더 중요하다.

2단계

전체 파악하기

전체 파악하기는 예비독서다. 앞에서 저자를 미리 만나야 한다는 이야기를 한 바 있다. 본문을 읽기 전에 목차와 머리말, 맺음말 등을 통해 저자가 어떤 메시지를 이야기하고 있는지 사전에 골격을 잡는 것이다.

전체 파악하기에서는 다음과 같은 작업을 한다.

- 이 책에서 중요하게 다루고 있는 단어들은 무엇인가?
- 이 책의 주제는 무엇이라고 생각하는가?
- 이 책을 통해서 무엇을 알고 싶은가?

목차, 머리말, 맺음말을 통해 중요 단어들을 10~30개 정도를 찾아낸 후 대략 추정되는 책의 주제를 미리 생각해 적어보자. 이때 매우 중요한 작업이 사전 질문하기다. 저자를 직접 만난다고 생각하고 어떤 질문을 할 것인지 미리 목록을 만드는 것이다. 질문은 대략 3~5개 정도를 만들어보라. One Page 독서노트의 '사전읽기' 항목에 이 내용을 적으면 된다. 어려운 작업은 아니지만 책을 이해하는 데 있어서 이 과정은 아주 중요하고 유용하다. 생략하지 말고 꼭 해보기 바란다.

속도 뛰어넘기

속도 뛰어넘기는 안구운동이 아니다. 두뇌의 활성화를 위해 매우 빠른 속도로 텍스트를 인지하게 만드는 훈련이다. 속도 뛰어넘기를 하기 전에 연습할 책과 메트로놈을 준비하라. 메트로놈은 전자식이든 수동식이든 상관없다.

이제 다음과 같은 순서대로 연습해보자.

첫째, 전체 파악하기에서 정리한 중요 단어와 주제, 질문을 머릿속에 단단히 새기고 그것 중심으로 책의 내용을 매우 빠르게 '보겠다'고 생각하라. 처음에는 내용이 전혀 파악되지 않을 것이므로 정신을 최대한 집중해 글자를 선명하게 복사하듯 훑어라.

둘째, 한 페이지를 1초씩 위에서 아래로 복사하듯 훑는 것이다. 자신의 눈을 복사기라고 생각하고, '하나－둘－넘기고'의 총 3박자에 맞춰서 읽는다. 메트로놈의 속도를 처음에는 1분당 60타 정도의 저속으로 시작해서 어느 정도 익숙해지면 점점 속도를 높여라. 70, 80에서 120까지 높여도 된다.

셋째, 본문의 첫 페이지부터 마지막 페이지까지 정신을 집중해 박자에 맞춰 눈으로 복사한 다음, 책을 덮고 정신을 모아서 내용을 떠올려본다. 매우 빠른 속도로 페이지를 넘겼지만 두뇌는 텍스트를 나름대로 인지했음을 알게 될 것이다. 무엇이든 생각나는 내용을 다른 사람에게 말로 설명해보라. 부분적인 조각 정보라도 상관없다.

이 3가지 과정을 반복한다. 이때 중요한 것은 정신을 최대한 집중해 눈으로 복사하듯 훑으면서 내용을 파악하려고 노력해야 한다는 점이다. 물론 처음에는 내용이 전혀 파악되지 않겠지만 훈련을 하고 나면 비록 조각 정보지만 스스로 놀랄 정도로 내용을 파악하고 있음을 알게 될 것이다. 이것이 바로 '무의식의 활성화' 훈련이다.

우리는 두뇌를 신뢰하지 않으면 안 된다. 두뇌는 명령하는 대로 수행한다는 사실을 기억해야 한다. 이러한 속도 뛰어넘기 훈련은 단순하지만 두뇌가 텍스트를 인지하는 능력을 높이는 데 강력한 효과를 발휘한다.

3단계

스키핑&스캐닝

스키핑&스캐닝은 책을 이해하면서 보는 것, 즉 실제 책읽기다. 기존의 묵독, 속으로 글자를 읊으면서 책을 읽는 것이 아니라 매우 빠르게 내용을 훑으면서 핵심을 파악하는 것이다.

속도 뛰어넘기를 몇 번 한 다음 바로 스키핑&스캐닝으로 돌입하라. 속도 뛰어넘기는 스키핑&스캐닝을 잘하기 위한 준비운동이다. 속도 뛰어넘기를 하고 나면 두뇌가 굉장히 빠르게 텍스트를 받아들일 수 있는 상태로 활성화되어 있으므로 그 느낌과 감각을 그대로 스키핑&스캐닝에 적용하는 것이 중요하다. 속도 뛰어넘기와 스키핑&스캐닝은 반드시 연결해서 해야 한다.

스키핑&스캐닝을 할 때의 포인트는 다음과 같다.

- 중요한 것 중심으로 내용을 이해하라.
- 중요한 것 외에는 일단 버린다고 생각하라.
- 글자를 한 글자씩 음독하지 말고 눈으로 훑어보라.
- 훑어보며 중요한 것과 중요하지 않은 것을 순간적으로 구분하라.
- 중요한 내용에 가볍게 체크하면서 빠르게 진행하라.
- 기존 시간보다 절반 이하로 정해놓고 반드시 그 시간 안에 읽어라.
- 한 권의 책을 여러 번 반복해서 하라.

이런 방식의 책읽기가 익숙해지면 어떤 책이든 읽는 데 두려움이 없어질 것이다. 여기에서 중요한 것은 '중요한 것 외에는 일단 버린다고 생각하라'와 '훑어보듯이 하라'는 것이다. 그러면 자연스럽게 묵독을 하지 않으면서 매우 빠른 속도로 내용을 파악할 수 있게 된다. 앞에서 훈련했던 속도 뛰어넘기는 이런 감각적이고 빠른 속도로 내용을 파악할 수 있게 만드는 예비 훈련인 것이다.

이러한 방식의 책읽기에 거부감을 느끼는 사람은 기존의 책읽기 습관에 강한 끈을 놓지 못하고 있기 때문이다. 한 권의 책을 5시간 동안 1번 읽는 것보다 중요한 것 중심으로 빠르게 반복해 읽는 것이 훨씬 효과적이라는 사실을 받아들여야 한다.

스키핑&스캐닝을 할 때에는 시선을 그림과 같이 움직여라.

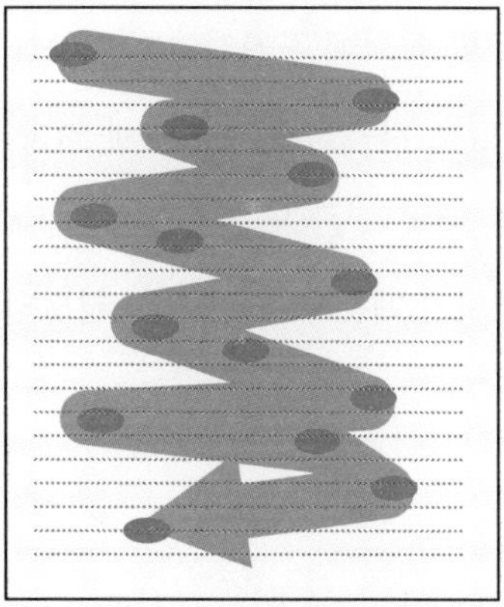

모든 글자를 읽어야만 내용을 파악할 수 있는 것이 아니다. 중요 단어나 문장만으로도 대부분의 내용을 이해할 수 있다. 처음에는 앞의 그림처럼 지그재그로 내려오다가 어느 정도 훈련이 축적되고 익숙해지면 여러 줄을 동시에 눈으로 보면서 쭉 내려가면 된다.

스키핑&스캐닝을 할 때 색깔 있는 필기도구를 쥐고 빠르게 훑어가면서 중요 내용을 체크하라. 하지만 줄을 긋는 것은 가급적이면 삼가야 한다. 줄을 그으면서 읽게 되면 빠른 속도에 대한 감각을 놓치게 되는 브레이크 현상이 생긴다. 체크하거나 동그라미 혹은 괄호 정도면 충분하다.

포커스 리딩이 모든 책읽기에 적용되는 것이라고 말하기는 어렵다. 속도 뛰어넘기와 스키핑&스캐닝은 경제, 경영, 자기계발, 수험서, 학습서 등의 실용서에 적용하는 것이 더 적합하다. 성경책이나 시, 소설, 수필, 철학 등의 인문학 읽기에는 권장하지 않는다.

그러나 포커스 리딩을 지속적으로 훈련해 익숙해지면 인문학, 종교, 철학 서적 등을 읽을 때에도 큰 도움이 된다. 두뇌가 정보를 받아들이는 속도가 매우 빨라지기 때문이다. 포커스 리딩의 응용은 스스로 판단해야 한다.

3부에서 설명하는 One Page 독서노트는 모든 책읽기에 매우 유용하게 적용할 수 있다. 그리고 One Page 독서노트는 분야에 상관없이 다양한 적용이 가능하다. 조금만 응용하면 논리적인 말하기와 글쓰기, 즉 프레젠테이션 및 연설, 세일즈 피칭, 논문, 보고서, 사업계획서 등에도 매우 큰 도움이 될 것이다.

3부

One Page 독서노트

정리되지 않은 책읽기는 밑 빠진 독에 물붓기다 | 가공되지 않은 정보는 쓰레기다 | 전문가로 도약하기 | 본문을 읽기 전의 예비독서 | 책을 읽고 난 뒤의 아웃풋이 더 중요하다 | One Page 독서노트 작성 방법 | 인생을 읽는 프로세스, 포커스 리딩 | 3의 법칙을 활용하라

1장
One Page 독서노트, 왜 필요한가?

책을 그냥 읽기만 하면 된다는
생각은 책읽기에 대한 심각한 오해다.
그런 식으로는 아무리
많이 읽어도 밑 빠진 독에
생각 없이 물을 붓는 것과 같다.
포커스 리딩은 무작정 많은 책을
읽는 것을 경계하고 있다.
그건 시간과 에너지,
기회비용 등을 낭비하는 것이다.
한 권을 읽더라도 제대로 소화하는 것이
포커스 리딩의 목적이다.
빠른 시간 내에 자신의 지식 체계를
구축하고 차별화된 경쟁력을
갖추기 위해서는
주제별 독서를 하는 것이 좋다.
주제별 책읽기를 할 때에도
One Page 독서노트는
강력한 효과를 발휘한다.

FOCUS THINKING

정리되지 않은 책읽기는 밑 빠진 독에 물붓기다

이 책에서 가장 먼저 던진 화두가 '왜 책을 읽는가?' 하는 것이었다. '왜?' 에 대한 답이 없다면 '어떻게?' 는 무의미하다.

책읽기에서 자신의 목적에 합당한 좋은 책을 선택하는 것은 책읽기의 건강상태를 좌우하는 첫걸음이다. 그 다음은 어떻게 먹느냐 하는 것인데, 제대로 씹지 않고 삼킨 음식은 몸속에서 엄청난 독소를 배출하므로, 입에서 최대한 오래 씹어서 침으로 1차 소화를 시켜주어야 제대로 소화가 되고 에너지로 전환된다. 한 권의 책을 여러 번 반복해서 읽어야 함을 선서까지 해가면서 강조한 이유가 바로 여기에 있다.

또 중요한 것이 있다. '먹었다'라는 것이 어디까지를 말하는가 하는 것이다. 다음 중 답은 몇 번이라고 생각하는가?

① 입 속에 음식물이 들어간다.
② 목을 넘어 위상에 도달한다.
③ 대장, 소장을 거쳐 모세혈관이 포도당으로 변한 음식물을 흡수한다.

답이 있는가? 그런데 만일 음식이 배설되지 못하고 있다면 어떻게 되겠는가? 일주일, 한 달을 배설하지 못하고 있다면 우리 몸은 어떻게 될까? 이 정도가 되면 음식을 먹는 것은 차라리 목숨을 치명적으로 위협하는 행위가 된다. 즉 입으로 들어간 것이 온전히 배설되어야만 먹는 행위가 마무리 되는 것이다. 따라서 얼마나 잘 배설하느냐가 건강의 진정한 척도가 된다.

생각을 깊게 하지 않으면 안 된다. 아웃풋 되지 않은 인풋이 과연 우리에게 어떤 유익함을 줄 수 있을까? 그런 책읽기라면 도대체 무엇 때문에 하고 있단 말인가? One Page 독서노트는 책을 언제든지 활용할 수 있도록 준비를 하거나 혹은 책을 읽고 나서 생각을 정리하는 도구다.

반드시 One Page 독서노트가 아니라도 좋다. 어떤 형식이든 책을 읽고 스스로 정리하는 시스템이 반드시 있어야 한다. One Page 독서노트는 지금까지 오랜 시간 동안 많은 사람들의 손을 거쳐 다듬어진 것이다. 그냥 읽기만 하면 된다는 생각은 책읽기에 대한 심각한 오해다. 그런 식으로는 아무리 많이 읽어도 밑 빠진 독에 생각 없이 물을 붓는 것과 같다.

FOCUS THINKING

가공되지 않은 정보는 쓰레기다

일주일에 한 권의 책을 One Page 독서노트로 정리해보자. 그렇게 10권 정도의 책이라도 정리해보면 그 효과가 얼마나 큰지 깨닫게 될 것이다. 세상에는 바닷가의 모래만큼 수많은 책들이 있다. 그 많은 책 중에서 우리가 읽을 수 있는 책이 몇 권이나 되겠는가? 책만이 아니다. 신문, 잡지, 보고서, 논문 등 나름대로 가치 있는 정보를 담은 것들이 얼마나 많은가?

그야말로 정보의 망망대해 위에서 돛단배를 타고 표류하고 있는 모습과 다르지 않다. 그 많은 정보들 중에서 무엇을 선택할 것인가도 중요하지만, 선택한 정보를 자신의 목적에 맞게 제대로 활용하는 것이 더 중요하다.

그냥 읽기만 하는 것은 목마르다고 생각 없이 바닷물을 퍼마시는 것과 같다. 갈증만 더 심해질 뿐이다. 궁극적으로 도달해야 할 목적지로 온전히 항해하기 위해서는 바닷물을 증류해서 온전한 식수로 만드는 방법을 깨우쳐야 한다.

증류되지 않은 바닷물은 먹을 수 없는 물이며, 유리로 정제되지 않은 모래는 헐값에 불과하다. 아무리 정보가 많아도 활용 가능한 상태로 가공되지 않은 정보는 쓰레기일 뿐이다. 지금 어떤 물을 먹고 있는지 생각해봐야 할 것이다.

포커스 리딩은 무작정 많은 책을 읽는 것을 경계하고 있다. 그건 시간과 에너지, 기회비용 등을 낭비하는 것이다. 한 권을 읽더라도 제대로 소화하는 것이 포커스 리딩의 목적이다. 책을 핵심 중심으로 2시간 동안 두 번 반복해서 읽었다면 One Page 독서노트를 작성하는 데도 같은 시간을 투입하기 바란다. 그렇게 하고 나서야 비로소 그 책에 대한 통찰력이 생긴다. 그때부터 책이 나의 정보로써 가치를 가지게 되는 것이다.

독서 토론을 하는 경우, 시너지 효과를 만들지 못하고 그저 형식적인 모임으로 전락하는 경우가 적지 않다. 혼자 읽으나 여러 사람이 함께 읽으나 다를 것이 없다면 굳이 시간을 들여 함께 모여 책을 읽을 필요가 없다. 원하는 기대치를 창출하지 못하는 이유는 생각을 공유할 수 있는 연결고리가 없기 때문이다. 각자의 생각만 이야기하는 독서 토론을 통해서는 아무것도 얻을 수 없다.

가족이나 회사 동료들 혹은 독서 모임에서 팀리딩을 할 때에도 One Page 독서노트가 아주 요긴하게 사용될 수 있다. 여러 사람이 같은 책을 읽은 후 One Page 독서노트를 함께 작성해서 생각을 공유해보자. 특히 각자가 만든 질문을 취합하고 그중에서 좋은 질문을 선정해서 집중 토론을 하는 것이다. 이건 참으로 대단한 위력을 발휘한다. 1+1+1+1+1=5가 아니다. 제대로만 한다면 1+1+1+1+1=50이 될 수도 있다.

각자의 생각을 공유할 수 있는 연결고리가 바로 생각을 정리하고 요약해서 만든 '질문'이다. 팀리딩을 할 때 One Page 독서노트는 여러 사람의 생각을 정리·요약하고 새로운 각도에서 기발한 해법을 찾게 만든다. 이것은 비단 책읽기뿐만이 아니다. 어떤 주제나 문제에서도 같은 프로세스를 통해 해법과 새로운 패러다임으로 나아가게 만드는 방법이 될 수 있다.

FOCUS THINKING

전문가로 도약하기

빠른 시간 내에 자신의 지식 체계를 구축하고 차별화된 경쟁력을 갖추기 위해서는 주제별 독서를 하는 것이 좋다고 강조했다. 한 분야에서 집중적인 책읽기를 통해 일정 수준 이상의 지식 축적을 하려면 일단 한 우물에 자신의 모든 에너지를 투입해야 한다. 통섭이나 다양성을 추구하는 것은 한 분야에서 전문성을 갖추고 난 다음의 이야기다.

주제별 책읽기를 할 때에도 One Page 독서노트는 강력한 효과를 발휘한다. 100권의 책읽기는 10권의 책을 10번 이상 읽는 방식을 말하는 것이다. 단지 그렇게 읽기만 하면 될까? 그건 아니다. 그렇게 한다고 해서 전문가로 인정받을 정도의 식견을 갖출 수 있는 것은 아니다.

주제별 독서를 하되 가급적이면 One Page 독서노트 작성을 병행하기 바란다. 그럼 더 빠른 상승작용을 경험하게 될 것이다. 읽는 것도 바쁜데 언제 그걸 작성하느냐고 반문한다면 더 이상 할 말이 없다. 이 책을 읽을 필요도 없다. 필자는 이 책에서 한 번뿐인 각자의 삶을 어떻게 해야 더욱 가치 있게 만들 수 있는지에 대해 시종일관 이야기했다. 자신의 인생이 정말로 가치 있다고 생각한다면 단 하나의 사명과 목표를 위해 자신의 모든 것을 헌신할 각오가 되어 있어야 하며, 그에 합당한 수준의 전략적 책읽기를 해야 하지 않을까?

무엇이 중요한가? 무엇 때문에 그리도 바쁜가? 자신을 억누르고 있는 그 분주함이 결코 포기할 수 없을 정도로 가치 있는 것인가? 책을 대충 적당히 읽는 것으로도 충분할 거라고 생각하는가? 당신의 목표가 그 정도로 별로 중요한 것이 아니란 말인가? 스스로 선택한 책, 즉 당신의 멘토와 그렇게 성의 없는 자세로 대화가 될 거라고 생각하는가? 깊이 있는 질문을 하지 않으면서 어떤 대답을 기다리는가?

우리는 할 수만 있다면 One Page 독서노트보다 100배 더 힘든 노력도 기꺼이 투자할 용의가 있어야 한다. 참으로 효과적이고 빠르게 자신을 성장시킬 도구가 귀찮게 여겨진다면 다시 한 번 자신의 삶을 진지하게 생각해보기 바란다. 물론 다른 방법도 있을 것이다. 중요한 것은 어떤 도구나 방법이든 그에 합당한 노력 없이 이룰 수 있는 것은 세상에 존재하지 않는다는 사실이다.

10권의 책을 여러 번 읽고 난 후 One Page 독서노트를 작성해보라. 예컨대 같은 책을 3번씩 읽고 난 후 One Page 독서노트를 한 번 씩 작성하는 것이다. 그러면 One Page 독서노트를 총 3번을 작성하게 된다. 그리고 마지막으로 한 번 더 읽으면 10번 읽기와 3개의 One Page 독서노트가 마무리 된다. 이 정도면 그 책은 거의 대부분 소화가 되었다고 볼 수 있다.

같은 책을 3번 작성한 각각의 One Page 독서노트를 보라. 내용이 점점 더 깊이 있어졌음을 깨닫게 될 것이다. 처음과 나중의 글이 다르고, 질문의 질도 달라졌음을 알게 될 것이다.

그런 식으로 10권의 책을 작성한 후, 마지막으로 모든 내용을 통합하라. 10권의 책은 같은 주제이므로 통합이 가능하다. 통합의 방식은 각각의 One Page 독서노트의 내용을 나름대로 목차를 만들어 자신의 표현으로 가공하는 것이다. 그럼 멋진 책이 한 권 만들어진다. 이 정도 과정은 마음먹기에 따라 1~2년이면 충분히 가능하다. 이것이 1~2년만에 하나의 변곡점을 만드는 전략이다. 지금 즉시 시도해보기를 권한다.

2장
One Page 독서노트의 프로세스

책을 읽을 때에도 많은 사람들이
길을 잃고 조난을 당한다.
어려운 책일수록 길을 잃는 경우가 많다.
책 속에서 저자가 이야기하려는
큰 주제나 흐름을 놓치고
현재 읽고 있는 내용이
자신에게 왜 필요한지
이해하지 못하고 헤매는 것이다.
One Page 독서노트를 작성하는 데는
크게 책을 읽기 전 단계인 예비독서와
책을 읽고 난 다음의
아웃풋으로 나눌 수 있다.
책을 읽기 전에는 저자를 만나
이야기를 나누기 전에
반드시 질문을 만들어야 함을
잊지 않기 바란다.
책을 읽고 난 뒤의 아웃풋은
더 중요하다. 책을 여러 번 읽고
난 뒤 머릿속에 어느 정도
정리가 된 다음
아웃풋 할 것을 강조한다.

FOCUS THINKING

본문을 읽기 전의 예비독서

One Page 독서노트를 만들어야 한다고 강조했다. 어떤 과정이든 마찬가지로 올바른 책읽기를 위해서 필요한 준비가 바로 One Page 독서노트다. 그럼 어떻게 만들 것인가? 단순히 종이 한 장에 느낀 점을 쓰는 것으로 One Page 독서노트를 만들었다고 말할 수 있을까?

이를 작성하는 데는 크게 책을 읽기 전 단계인 예비독서와 책을 읽고 난 다음의 아웃풋으로 나눌 수 있다. 예비독서는 중요 단어와 주제를 생각하고, 사전 질문을 만드는 것이다. 지금부터 One Page 독서노트 작성 방법을 배워보자.

❖ One Page 독서노트의 체계

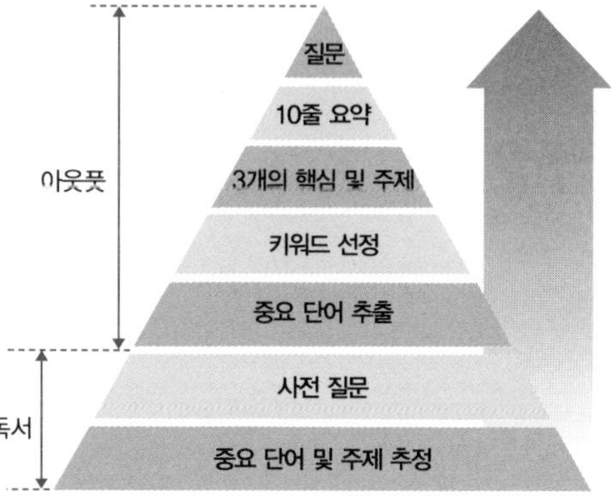

중요 단어 및 추정 주제 생각하기

가장 먼저 목차, 머리말, 맺음말 등을 통해 책의 결론 및 메시지에 대해 어느 정도 윤곽을 그려본다. 이렇게 함으로써 내용에 대해 무엇이 중요한 것인지 중요하지 않은 것인지를 변별할 수 있는 기준을 가지게 된다. 이는 높은 산을 등정할 때 자신이 어떤 코스로 정상에 오를 것인지 지도를 보며 미리 주요 코스를 정리하는 것과 같다. 이러한 준비 없이 등정을 시작했다가는 십중팔구 길을 잃고 조난당하기 십상이다.

책을 읽을 때에도 많은 사람들이 길을 잃고 조난을 당한다. 어려운 책일수록 길을 잃는 경우가 많다. 미시적으로 혹은 부분적으로는 이해하지만 책 속에서 저자가 이야기하려는 큰 주제나 흐름을 놓치고 현재 읽고 있는 내용이 자신에게 왜 필요한지 이해하지 못하고 헤매는 것이다.

사람들은 책을 읽으면서 본문의 내용에는 여러 가지 색으로 줄을 긋는 등 표기를 하지만 목차에는 그렇게 하지 않는다. 하지만 책을 잘 읽기 위해서는 그 반대여야 한다. 목차나 머리말 등에서 중요한 의미나 자신이 알고 싶은 내용을 표시하고 책의 주제와 흐름을 파악해야 한다.

본문에는 가급적이면 줄을 긋는 것보다 간단히 체크 표시나 동그라미 혹은 별 표시를 하면서 빠른 속도를 유지해주는 것이 좋다. 중요한 부분이 여러 줄이면 괄호를 하면 된다. 본문에 줄을 긋는 것은 빠른 책읽기 속도에 브레이크를 거는 결과를 초래하기 때문이다.

그러나 본문을 읽을 때 놓치지 말아야 할 것, 즉 어떤 아이디어나 질문 등 중요하다고 생각되는 내용들은 무조건 그 즉시 노트에 적어두어야 한다. 그렇지 않으면 책을 다 읽기도 전에 책 속에서 얻을 수 있는 아까운 생각들은 모두 사라지게 된다. 하지만 책을 읽으면서 밑줄을 긋는 것은 그러한 생각과 빠른 책읽기 속도를 가로막는 요소로 작용할 뿐이므로 하지 않는 것이 좋다.

목차를 머리에 담아두어야 하는 이유는 다음과 같은 사례를 들어보면 충분히 이해할 수 있을 것이다.

필자가 잘 아는 한 후배가 있었다. 이 후배는 어려서부터 공부를 매우 잘해서 수재라는 소리를 당연한 듯이 들었고, 명문대 법학과에 우수한 성적으로 입학했다. 당연히 대학을 졸업하기 전에 사법고시를 합격할 것이라고 자신만만하게 생각했다.

그러나 현실은 그렇지 않았다. 졸업 후에도 그는 2번이나 사법고시에서 탈락하고 말았다. 처음에는 실수라고 생각했지만 2번이나 탈락한 후에는 자기 자신을 엄청나게 학대하기 시작했다. 거의 매일 술에 찌들어 살다시피 했다. 필자를 만나 술에 취해 엉엉 울 때가 한두 번이 아니었다.

그러던 어느 날 그를 잘 아는 학교 선배가 그를 불러 심하게 실책을 한 후, 딱 한마디 조언을 했다. "네가 공부하는 모든 책의 목차를 외워라!" 그는 선배의 무서운 질책과 조언에 당장 그날부터 정신을 차리고 목차를 외우기 시작했다. 거의 한 달 동안 목차만 달달 외웠다. 자다가도 벌떡 일어나 어떤 과목이든 술술 나올 정도로 완벽하게 목차를 외우고 나니 참으로 신기하게도 그동안 공부했던 모든 내용이 일목요연하게 정리가 되더라는 것이다.

헌법, 행정법, 상법, 민사소송법, 형법, 형사소송법, 민법, 국제법 등 그 많은 법들에 대한 체계적인 흐름과 갈래들이 목차를 외고 나니 손에 잡힐 듯이 정리가 되었다는 것이다. 그제야 그는 자신의 문제가 무엇인지 알았다.

미시적이고 부분적인 내용에만 집착하다 보니 판례, 조항 등에 대한 지식들이 조각 지식으로 복잡하게 뒤섞여 저장되어 있었던 것이다. 자신이 수년 동안 공부했던 것들이 목차를 외고 난 후에야 체계적으로 정리되어 각 과목들의 기본 취지부터 세부조항들의 정확한 해석이 가능해졌다는 것이다. 그는 다음 해 사법고시에서 최종시험까지 합격해 지금은 전도유망한 대한민국 검사로 활동하고 있다.

책을 쓰는 사람들은 목차를 정리하고 나면 책의 절반은 완성된 것이라고 생각한다는 것을 이해한다면 목차가 얼마나 중요한지 알 수 있을 것이다.

사전 질문하기

책의 본문을 통해 저자와 이야기를 나누기 전에 자신이 무엇을 알고 싶은지, 무엇을 얻고 싶은지 미리 생각하는 것은 책을 더 깊이 생각하게 만드는 밑거름이 된다. 그것을 질문의 형태로 종이에 적는 것이 사전 질문이다. 질문을 한다는 것은 생각을 한다는 것이고, 자신의 요구가 무엇인지 스스로 명확하게 정의하는 것이다.

깊이 생각해보고 무엇을 알고 싶은지, 직접 만난다면 어떤 질문을 하고 싶은지 하나하나 종이에 적어보라. 앞 단계에서 머리말과 목차 등을 통해 책의 핵심 메시지와 중요 단어들을 찾아냈기 때문에 그에 합당한 질문도 할 수 있을 것이다.

이 책 전체를 통해 가장 중요한 것을 말하라면 단연코 질문하기다. 질문은 만나기 전에, 만나서 이야기를 나누는 중에, 그리고 상대방의 이야기를 다 듣고 난 다음에, 즉 언제든 질문을 할 수 있다. 다시 말하자면 책읽기는 질문으로 시작해서 질문으로 끝나는 것이다. 책을 읽으면서 해야 할 가장 중요한 일은 밑줄을 긋는 것이 아니라 스스로 질문을 던지고 그에 대한 답을 찾는 것이다.

거듭 강조하건데 본문을 읽기 전, 즉 저자를 만나 이야기를 나누기 전에 반드시 질문을 만들어야 함을 잊지 않기 바란다. 여기까지가 본격적으로 책을 읽기 전 단계다. 책을 뭐 이렇게 복잡하게 읽느냐고 불평을 하기보다 한 권의 책이라도 제대로 읽어야 한다는 긍정적이고 적극적인 자세로 임하기를 부탁한다.

FOCUS THINKING

책을 읽고 난 뒤의 아웃풋이 더 중요하다

이제는 책을 다 읽고 난 뒤 체계적으로 정리하는 방법을 설명할 차례다. 대략적인 흐름을 미리 정리해보자.

첫 번째, 단어들을 중심으로 책의 내용을 머릿속에 정리해서 키워드를 추출해 저자의 중요 의도를 파악한다. 두 번째, 3의 법칙에 의거해 핵심 단어와 주제를 뽑아낸다. 세 번째, 그 다음 저자의 생각을 핵심적으로 요약하면서 독자의 관점에서 재해석한다. 마지막으로 질문을 통해 새로운 시각과 해법, 적용 방법 등을 도출한다.

책을 여러 번 읽고 난 뒤 머릿속에 어느 정도 정리가 된 다음 아웃풋할 것을 강조한다.

중요 단어 추출하기

포커스 리딩에서는 문장에 연연하지 말고 단어 중심으로 읽고 이해하라는 말을 3단계 스키핑&스캐닝에서 설명했다. 우리 두뇌는 단순한 것을 좋아하는데 저자의 메시지를 단어 중심으로 이해하는 것보다 더 단순한 방법은 없다. 책을 이미 읽고 난 상태에서는 모든 부속어들을 제거하고 남은 중요 단어들만 봐도 충분히 이해가 가능하다. 단어야말로 최종적으로 우리가 건져야 할 목표라고 해도 과언이 아니다.

만약 설득을 위한 논리적인 커뮤니케이션을 해야 한다면 가장 유용한 방법은 중요 단어를 중심으로 메시지를 정리하는 것이다. 그러면 중언부언하거나 논리가 옆길로 새지 않는다. 이 장에서 단어를 다루는 방법을 배울 수 있을 것이다.

책의 전반적인 내용에서 저자가 중요하게 취급하고 있는 단어들을 최대한 모아보자. 대략 50여 개 내외면 된다. 그 정도의 단어라면 책의 내용을 머릿속에서 회상하고 정리하는 데 충분하다. 물론 책에 따라 더 많거나 적을 수도 있다. One Page 독서노트는 독자 자신을 위한 것이다. 추출한 중요 단어를 보면 다른 사람들은 책의 내용을 이해할 수 없을지 몰라도 본인은 책의 주요 내용을 충분히 떠올릴 수 있을 것이다.

책을 읽을 때 중요 단어라고 생각되는 것에 미리 체크를 해두면 One Page 독서노트를 정리할 때 많은 도움이 된다. 중요 단어는 한 페이지에 한두 개 정도다. 그리고 책의 뒷부분으로 가면 앞에서 체크했던 단어들이 계속 중복된다는 사실을 알게 될 것이다. 중복된 것을 제거하고 나면 추출된 중요 단어들만으로 정리가 된 듯한 느낌이 들 것이다.

키워드 선정하기

키워드는 앞에서 추출한 중요 단어들 중에서 저자의 의중이 매우 비중 있게 담겨 있고, 책의 주요 흐름을 이끌어가는 단어들이다. 사실 저자의 입장에서는 키워드를 많이 사용하기 어렵다. 키워드가 많아지면 책이 산만해지고 핵심에 초점을 맞추지 못하는 결과를 초래하기 때문이다.

진정한 고수들의 책은 아무리 두꺼워도 키워드는 그리 많지 않다는 공통점이 있다. 중요 단어들 중에서 키워드를 10여 개 내외로 선정하라. 물론 이것은 책을 읽는 사람마다 다르게 선정할 수 있다. 각자의 관점이 다르기 때문에 당연한 현상이다.

키워드를 선정하고 나면 책에 대한 큰 흐름과 골격을 한눈에 볼 수 있게 된다. 키워드만 가지고도 책의 내용을 설명하라고 하면 매우 정확하고 논리적으로 말할 수 있을 것이다. 우리는 책읽기를 포함한 모든 커뮤니케이션에서 키워드를 추출하는 습관을 가져야 한다. 아무리 복잡한 문제라도 키워드가 무엇인지 알고 나면 정확한 해법으로 접근할 수 있다. 키워드는 책의 흐름을 이끌어가는 단어들이기 때문에 비중 있게 취급해야 한다.

핵심 단어 및 주제 추정하기

지금까지 중요 단어와 키워드 추출은 포커스 리딩의 4단계인 3개의 핵심단어와 1개의 주제 문장을 뽑아내기 위한 과정이었다. 핵심단어는 3개를 선정하는데, 이것은 '3의 법칙'에 근거한 것이다. 우리는 3의 법칙에 주목할 필요가 있다.

사람들에게 가장 익숙한 숫자는 3이다. 3은 완전한 균형을 이루는 수이며, 사람들의 마음을 강하게 움직이는 힘을 가지고 있다. 세상은 3까지만 기억해준다. 3을 넘어가면 복잡하고 정리되지 않으며 가치가 현저히 떨어진다. 3의 법칙은 비즈니스, 공부, 글쓰기 등 모든 분야에서 매우 유용하게 활용된다. 세상은 3의 법칙으로 이루어져 있다고 해도 과언이 아니다.

3의 법칙은 인간의 마음과 무의식을 자극하고 움직이게 한다. 예로부터 동서양을 막론하고 3의 법칙은 매우 자연스러운 도구였다. 3의 법칙을 활용해 말을 하거나 글을 쓰면 쉽게 받아들여지고 좋은 평가를 얻을 수 있다.

핵심단어를 3개로 정리하면 책의 내용을 일목요연하게 오랫동안 기억할 수 있고, 활용할 때에도 매우 유용한 정보가 된다. 핵심단어는 키워드 중에서도 저자의 가장 중요한 메시지라고 할 수 있다. 그리고 3개의 핵심단어를 이어주는 연결고리나 공통분모가 바로 주제인 것이다.

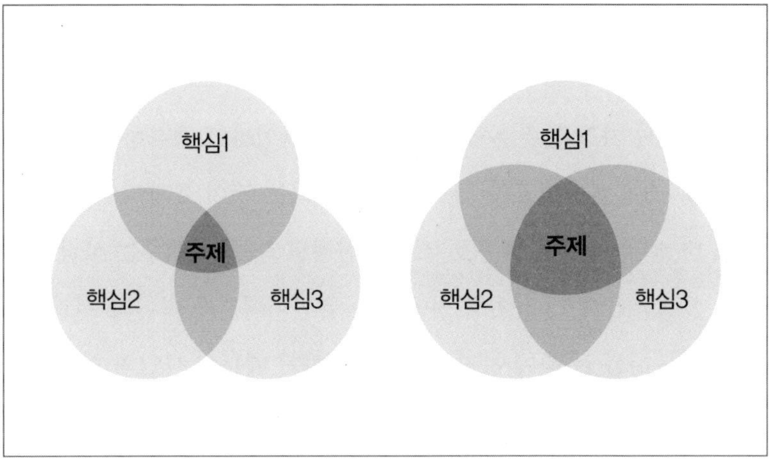

한두 문장의 주제가 얼마나 가치 있는 핵심 메시지를 담고 있는지는 3개의 핵심단어들의 속성을 얼마나 많이 포함하고 있느냐에 따라 판단할 수 있다.

그림에서 좌측보다 우측 그림의 교집합 크기가 더 큰 것처럼, 좋은 결론은 3개의 핵심 메시지를 최대한 많이 담을 수 있어야 한다.

이렇게 '중요 단어 추출－키워드 선정－3개의 핵심단어와 주제 문장을 정리'하고 나면 책의 주요 메시지는 체계적으로 머릿속에 입력되어 언제든지 정확하게 설명이 가능한 정보가 된다. 여기까지 우리는 단어 중심의 정리를 한 것이다. 항상 단어에 집중하라.

10줄로 요약하기

글 중에서 가장 높은 수준의 글은 어떤 글이라고 생각하는가? 혹은 글을 잘 쓰고 싶으면 어떤 글쓰기를 훈련하는 것이 효과적일까? 답은 '시詩'다. 한국이 낳은 대문호 조정래 선생도 한 수 접어주는 사람이 있으니 선생님의 부인 김초혜 시인이다. 부인이어서가 아니라 시인이기 때문이다. 시를 글 중에서 최고라고 인정하기 때문에 시인의 지적은 흔쾌히 받아들인다고 한다. 시는 언어의 결정체다. 불순물이 많은 모래에서 유리를 뽑아내는 것과 같다. 이처럼 한 권의 책에서 고순도 결정체를 추출하는 훈련을 해야 한다.

한 권의 책을 10장으로 정리하는 것은 어렵지 않다. 그러나 단 10줄 내외로 저자의 의중을 정리하는 것은 상당한 내공이 필요하다. 10줄 요약하기를 훈련하면 10장은 쉬워진다. 시를 잘 쓰면 산문이 쉬워지는 것과 같다.

10줄 요약은 책의 내용을 가장 중요한 메시지 중심으로 최대한 압축해서 독자의 입장에서 '재해석'하는 것이다. 단순한 요약이 아니라 재해석이다. 이 말은 새로운 관점에서 자기주장을 하라는 것이 아니라 저자의 입장을 최대한 깊이 있게 들여다보고 행간에 담긴 의도를 뽑아내는 것을 말한다. 물론 쉬운 작업은 아니지만 이 훈련을 일정 기간 꾸준히 하게 되면 본질과 핵심을 이해하고 생각한 것을 정확하게 짧은 글로 쓸 수 있는 능력을 키울 수 있다.

요약을 잘하면 매우 특별하고 비범한 성과를 만들 수 있다. 한 권의 책을 10줄로 요약하는 훈련을 성실하게 하라. 비즈니스맨들은 보고서, 사업계획서, 제안서 등의 글쓰기부터 누군가를 설득하기 위한 피칭과 프레젠테이션 등에서 빛나는 효과를 발휘하게 될 것이다. 또한 학생들은 학습의 효율성과 논술 및 논문, 토론 등 다양한 영역에서 큰 도움을 얻을 수 있을 것이다.

매주 한 권의 책을 One Page 독서노트로 정리하는 훈련을 해볼 것을 강력하게 권한다. 몇 개월 지나지 않아 책을 이해하고 요약하는 능력이 대단한 수준으로 올라서 있음을 스스로 느낄 수 있을 것이다.

질문하기

포커스 리딩의 마지막 단계는 질문하기다. 아니, 처음부터 끝까지 질문으로 시작하고 질문으로 끝나는 것이 포커스 리딩이다. 그래서 이 책의 여기저기에서 가장 여러 번 강조한 것이 바로 질문에 관한 것이다. 질문의 중요성은 아무리 강조해도 지나침이 없다.

책읽기는 '질문을 만드는 작업'의 또 다른 표현이라고 생각해도 좋다. 즉 질문을 던지고 생각하기 위해 책을 읽는 것이다. 책에서 무언가를 얻어내기 위해서는 반드시 질문을 해야 한다. 마찬가지로 세상에서 어떤 유익한 가치를 얻고 싶다면 그에 합당한 질문을 해야만 한다. 삶이든 책읽기든 질문의 연속이다.

One Page 독서노트의 모든 과정은 결국 좋은 질문을 하기 위한 것이다. 좋은 질문은 그냥 나오는 것이 아니다. 저자의 의중을 정확하고 깊이 있게 이해해야만 좋은 질문을 만들 수 있다. 그래서 지금까지 우리는 중요 단어 추출부터 10줄 요약까지의 작업을 한 것이다. 결국 질문이 모든 과정의 실을 판단하게 한다. 질문을 하지 않는다면 이전의 모든 작업은 빛을 잃게 된다.

질문의 요령은 앞에서 설명한 바와 같이 크게 원인과 본질을 따져 묻는 '왜why?'와 구체적인 실행 방법을 찾아내는 '어떻게how?'를 활용하는 것이다. 그리고 현상을 분석하는 '무엇what?'과 상상력을 발휘하게 만드는 마법의 도구 '만약if'도 있다. 질문은 막연히 고민한다고 떠오르는 것이 아니다. 이 4가지 도구를 활용해 수없이 많은 질문을 만들어보자.

좋은 질문은 훈련을 해야만 만들 수 있다. 좋은 질문은 좋은 해법, 현명한 결정을 하게 만든다. 질문하기를 부단히 훈련하라. 유태인들이 교육에서 가장 중요시한 것이 바로 질문하는 습관과 능력을 배양하는 것이었다. 그들의 교과서인 탈무드 역시 질문하는 사고를 만들어주는 책이다.

지금까지의 One Page 독서노트 프로세스를 정리해보면 다음과 같다.

구분	예비독서
중요 단어 및 주제 추정하기	• 목차, 머리말, 맺음말 등을 보며 책에서 다룰 중요한 단어라고 생각되는 것과 주제를 추정한다.
↓	
사전 질문하기	• 저자와 책을 통해 직접 이야기를 나누기 전 알고자 하는 것이나 생각의 초점을 질문으로 표현한다.

구분	아웃풋
중요 단어 추출하기	• 책의 본문을 다시 생각하게 만드는 단어들, • 저자가 중요하게 다루고 있는 단어들을 추출한다.
↓	
키워드 선정하기	• 저자의 의중이 깊이 실려있는 중심 단어들 • 책의 큰 흐름을 이끌어 가는 주요 단어들
↓	
핵심단어 및 주제 추출하기	• 키워드 중 가장 중요한 주제 단어 3개를 선택한다. • 3개의 핵심 단어들의 공통분모를 문장으로 표현한다.
↓	
10줄 요약하기	• 저자의 생각을 자신의 관점에서 재해석해 • 키워드, 핵심단어 및 주제를 중심으로 요약한다.
↓	
질문하기	• 저자의 생각을 되짚어봄으로써 새로운 시각을 가지게 되고 • 독자의 입장에서 책을 소화하고 적응할 수 있는 열쇠다.

3장
One Page 독서노트 작성하기

One Page 독서노트는
읽기의 완성단계다.
먼저 예비독서는 중요 단어와
주제를 생각하고, 끊임없이 강조해온
사전 질문을 만드는 것이다.
책을 읽고 난 뒤의
아웃풋은 더 중요하다.
먼저 대강 내용의 흐름을
정리해보면, 일단 단어들을 중심으로
책의 내용을 머릿속에 정리하고
키워드를 추출해 저자의
중요 의도를 파악하고,
3의 법칙에 의거해 핵심단어와
주제를 뽑아낸다.
그 다음 저자의 생각을
핵심적으로 요약하면서
독자의 관점에서 재해석한다.
마지막으로 질문을 통해
새로운 시각과 해법,
적용 방법 등을 도출하는 것이다.

FOCUS THINKING

One Page 독서노트의 작성 방법

지금까지 설명한 One Page 독서노트 작성법에 따라 작성한 다음 사례를 살펴보자.

독서노트의 작성은 책읽기의 완성단계다. 지금껏 책읽기가 나에게 도움이 안 된 이유가 바로 적절한 아웃풋을 하지 못했기 때문이라고 누차 강조해왔다. 설명만으로 작성법을 어렵다고 생각했다면 다음 사례를 통해 절대 어렵지 않음을 느낄 수 있을 것이다.

독서노트는 정답이 있는 수학공식이 아니다. 책을 읽으면서 자신이 느낀 저자의 생각을 재정립하는 과정이다. 그러니 결코 틀릴 것을 두려워하지 말라. 독서노트를 통해 놀라운 변화를 겪게 될 것이다.

예시 1

One Page 독서노트

제목 : 칼의 노래(김훈)　　　요약정리 : 박주연

예비 독서	목차, 머리말 등을 통해 이 책의 중요 단어와 주제를 찾아보세요.	• 중요 단어 : 울음, 살구꽃, 생명, 죽음, 무기, 사지, 칼, 추억, 바람, 시간, 절망, 사랑, 고난, 희망 • 추정 주제 : 고난, 슬픔, 절망 속에서 삶의 희망을 발견하려는 한 사내의 이야기
	저자에게 무엇을 묻고 싶은지 질문을 생각해보세요.	• 이순신의 진정한 슬픔은 어떤 것이었는가? • 무엇을 통해 절망을 이기는 희망을 찾으려 했는가? • 결국 어떤 삶이 가치 있는 삶인가?
아웃풋	책의 내용을 이해하고 기억해야 할 중요 단어들을 적어보세요(30~50개).	칼, 적군, 조선 수군, 거북선, 울음, 노래, 적선, 군사, 임금, 충성, 무기, 병력, 김수철, 우수영, 아들, 가족, 임진년, 죽음, 절망, 용맹, 삶, 통제사, 여자, 일자진, 조선, 시체, 명량, 창검, 화살, 고통, 노래, 무서움, 운명, 고향, 인간, 저항, 진동
	위의 중요 단어들 중에서 전체의 흐름을 이끌어가는 키워드를 추려보세요(10여 개).	울음, 칼, 죽음, 노래, 적군, 고독, 아들, 용맹, 절망, 삶
	키워드 중에서 저자의 주요 메시지가 담긴 3개의 핵심단어와 그 단어들을 활용해 1~2개의 주제 문장을 표현해보세요.	• 핵심단어 : 칼, 노래, 절망 • 핵심 주제 : 칼은 노래한다. 무의미한 삶이 절망은 아니라고.

아웃풋	책의 핵심 메시지를 자신의 관점에서 10줄 내외로 요약해보세요. 《칼의 노래》에는 우리가 알고 있는 용감한 장군 충무공 이순신보다는 한 아이의 아버지, 여인네를 마음에 품어 맘고생을 하는 한 사내로서의 인간 이순신이 있다. 이순신 장군은 슬픔을 겉으로 드러내지 않았다. 어머니가 돌아가셨다는 소식을 듣고도, 유난히 아끼던 셋째 아들 면의 죽음에도 드러내어 울 수 없었다. 이미 장군의 몸은 장군의 것이 아니고 나라의 것, 임금의 것이었기 때문이다. 들기에도 버거워 보이는 이순신 장군의 칼은 그의 분신 같은 존재이고, 수많은 눈물을 머금었기에 더욱 무겁고 슬퍼 보인다. 이순신은 그런 사람이다. 나라를 위해, 백성을 위해, 그리고 자신의 집과 같은 바다를 지키기 위해 이미 자신을 버렸다. 그런 고독과 슬픔 속에서 모든 세상이 절망으로밖에 보이지 않았을 것이다. 그러나 인간으로서의 사사로운 감정에 휘둘리지 않고 이를 악물며 속으로만 묻고 묻었기에 훗날 모든 사람들이 생각하는 충성과 용맹의 장군으로 남을 수 있지 않았을까 하는 생각이 든다. 영웅의 삶에 가려진 깊은 고독과 슬픔을 안고 살아온 이순신은 외로운 명장이었다. 자신에게 매우 중요하거나 적용해야 할 것을 질문하고 스스로 대답을 생각해보세요. '칼의 노래' 라는 제목은 무엇을 의미하는 것이고, 왜 '칼의 노래' 라고 표현했을까? 해답 : 작가는 무기와 악기는 같은 것이라고 생각했을 것이다. 즉 악기를 연주하는 것과 무기로 적을 베는 것은 '나' 라는 존재로부터 혼을 담아 행해지는 것이다. 추측이지만 아마 '칼의 노래' 라는 표현이 의미하는 것은 이순신 장군은 죽었지만 아직 부러지지 않은 그의 칼이 장군의 한을 울부짖는다는 것을 말한 것이 아닐까?

중요 단어 및 주제 추정하기

가장 먼저 주목해야 할 것은 책의 성격을 파악하는 것이다. 이 책이 이순신 전기傳記인지 아니면 하나의 관점으로 주인공의 심리를 집중적으로 분석한 것인지를 알아야 한다. 《칼의 노래》는 김훈 선생이 이순신의 일기, 개인사 등을 바탕으로 내면의 고통과 갈등을 전지적 작가의 관점으로 쓴 책이다.

즉 23전 23승이라는 불멸의 전쟁영웅이 아니라 한 사내, 자식, 아버지로서의 이순신이 어떤 고통과 절망과 슬픔을 가지고 있었는지를 담고 있다. 머리말과 목차 등에서 이런 작가의 관점을 정확히 파악하지 못하면 첫 단추부터 잘못 끼워지게 된다.

중요하다고 생각되는 단어와 주제를 다음과 같이 적었다.

중요 단어	울음, 살구꽃, 생명, 죽음, 무기, 사지, 칼, 추억, 바람, 시간, 절망, 사랑, 고난, 희망
추정 주제	고난, 슬픔, 절망 속에서 삶의 희망을 발견하려는 한 사내의 이야기

이 단어들과 주제 문장을 보면 저자의 의도를 잘 파악했다고 볼 수 있다. 이렇게 단어와 문장을 글로 적어보면 책의 본문을 읽지 않아도

저자와 소통이 시작되어 내용을 이미 알 것 같은 느낌이 든다.

사전 질문하기

질문 역시 저자의 관점을 중심으로 어떤 내용을 담고 있으며, 독자인 자신은 무엇을 생각할 것인지를 적는 것이다. 질문은 3개 정도면 적당하다.

- 이순신의 진정한 슬픔은 어떤 것이었는가?
- 무엇을 통해 절망을 이기는 희망을 찾으려 했는가?
- 결국 어떤 삶이 가치 있는 삶인가?

사전 질문을 하는 것은 저자와 소통하기 위한 필수 과정이며, 깊은 대화를 나눌 수 있게 만드는 열쇠다. 저자의 본질적인 의도를 중심으로 무엇을 알고 싶은지 깊이 생각하고 질문을 만들어야 한다. 이순신의 승리 비결은 무엇인지, 전략은 무엇인지 등을 질문한다면 이 책의 의도와는 전혀 맞지 않는 것이 된다. 정확한 질문은 책읽기에서 가장 중요한 나침반이다.

책을 읽고 난 뒤의 아웃풋

아웃풋은 크게 3가지로 분류할 수 있다.

중요 단어, 키워드, 핵심단어 및 주제 추출하기

요약하기

질문하기

중요 단어, 키워드, 핵심단어 및 주제 추출하기

칼의 노래를 정리한 One Page 독서노트를 보면, 예비독서에서의 관점을 그대로 이어가고 있음을 알 수 있다. 시종일관 전쟁영웅이 아닌 사람의 내면에 초점을 맞추고 있다.

중요 단어들을 추출하고 나면 One Page 독서노트를 쓴 사람은 책의 전체 흐름과 내용을 일목요연하게 되살릴 수 있다. 가장 단순한 요약이 바로 단어를 추출하는 방식이다. 그리고 중요 단어에서 키워드를, 이어서 핵심단어 3개와 주제를 정리했다. 우리는 핵심 단어와 주제에 주목할 필요가 있다.

중요단어

칼, 적군, 조선 수군, 거북선, 울음, 노래, 적선, 군사, 임금, 충성, 무기, 병력, 김수철, 우수영, 아들, 가족, 임진년, 죽음, 절망, 용맹, 삶, 통제사, 여자, 일자진, 조선, 시체, 명량, 창검, 화살, 고통, 노래, 무서움, 운명, 고향, 인간, 저항, 진동 책에서 중요 단어들을 추출함으로써 문장이 아니라 단어로 책을 요약하는 효과가 생긴다. 즉 단어들만으로 책의 내용을 한눈에 정리할 수 있게 된다. 일단 이렇게 요약하고 나면 다음 작업이 쉬워진다.

키워드 추출

키워드는 위의 중요 단어들 중에서 저자의 생각을 정확히 가늠할 수 있는 매우 비중 있는 단어로써 책의 성격이나 흐름을 이해하게 만든다.

울음, 칼, 죽음, 노래, 적군, 고독, 아들, 용맹, 절망, 삶

키워드의 성격을 보면 이 책이 전쟁영웅이 아닌, 뭔가 고통스러운 한 인간으로서의 이순신을 다루고 있음을 이해할 수 있다. 이렇게 키워드는 책의 성질과 주제를 가늠하게 만든다.

3개의 핵심단어 및 주제

핵심단어 칼, 노래, 절망
핵심 주제 칼은 노래한다. 무의미한 삶이 절망은 아니라고.

앞에서의 중요단어와 키워드는 결국 3개의 핵심단어를 뽑아내기 위한 예비작업이었다고 생각해도 된다. 핵심단어를 3개로 압축하는 이유는 3의 법칙에 근거한 것이다. 책의 내용을 가급적이면 3개로 압축

하는 훈련은 여러 면에서 매우 유용하다. 아무리 내용이 많다 할지라도 3개의 큰 갈래로 정리하게 되면 전체의 내용을 체계적으로 기억하고 설명할 수 있게 된다. 3의 법칙을 이해하고 활용하기 바란다. 3의 법칙은 뒷부분 One Page 독서노트를 응용하는 부분에서 자세하게 설명할 것이다.

이 주제 문장이 의미하는 바는 무엇일까? 칼이 부르는 노래의 의미는 무엇이며, 무의미한 삶이 왜 절망이 아니라는 것인가? 무언가 함축적으로 많은 생각을 담고 있는 문장임을 느낄 수 있나. 주제 문장은 이렇게 저자의 의도를 최대한 압축해서 짧은 글로 표현하는 것이다.

10줄 요약하기

요약하기는 키워드와 핵심단어 및 주제 문장을 자신의 관점으로 재해석해야 한다. 최대한 함축적으로 저자의 메시지와 자신의 생각을 섞어서 책의 내용을 정리하는 것이다. 일단 첫 문장이 중요하다. 그래야 옆길로 새지 않는다. 여기에서 첫 문장은 다음과 같다.

> 《칼의 노래》에는 우리가 알고 있는 용감한 장군 충무공 이순신보다는 한 아이의 아버지, 여인네를 마음에 품어 맘고생을 하는 한 사내로서의 인간 이순신이 있다.

시종일관 주인공 이순신에 대한 저자의 관점을 놓치지 않고 정확하게 문을 열었다. 짧은 글을 쓸 때에는 항상 결론을 앞에 쓰는 것이 좋다. 요약을 할 때에는 여러 가지 메시지를 담으려 해서는 안 된다. 딱 하나의 관점, 주제, 결론 등에 집중해야 한다. 이 첫 문장은 그런 의미에서 매우 좋은 출발을 하고 있다.

이순신 장군은 슬픔을 겉으로 드러내지 않았다. 어머니가 돌아가셨다는 소식을 듣고도, 유난히 아끼던 셋째 아들 면의 죽음에도 드러내어 울 수 없었다. 이미 장군의 몸은 장군의 것이 아니고 나라의 것, 임금의 것이었기 때문이다. 들기에도 버거워 보이는 이순신 장군의 칼은 그의 분신 같은 존재이고, 수많은 눈물을 머금었기에 더욱 무겁고 슬퍼 보인다. 이순신은 그런 사람이다. 나라를 위해, 백성을 위해, 그리고 자신의 집과 같은 바다를 지키기 위해 이미 자신을 버렸다.

하늘이 무너지는 정도의 슬픔과 절망적인 심적 고통에 대한 이순신의 처신과 국가에 대한 가치관이 대비되고 있음을 설명했다. 인간으로서의 슬픔과 나라에 대한 충성심이 부딪치는 상황에서 그가 어떤 사람인지를 말하는 것이다. 제목에서 칼이 상징하는 바가 무엇인지, 눈물을 머금은 칼을 통해 이순신이 어떤 심리적 고통을 가슴에 담고 있었는지 절묘하게 표현하고 있다.

그런 고독과 슬픔 속에서 모든 세상이 절망으로 밖에 보이지 않았을 것이다. 그러나 인간으로서의 사사로운 감정에 휘둘리지 않고 이를 악물며 속으로만 묻고 묻었기에 훗날 모든 사람들이 생각하는 충성과 용맹의 장군으로 남을 수 있지 않았을까 하는 생각이 든다. 영웅의 삶에 가려진 깊은 고독과 슬픔을 안고 살아온 이순신은 외로운 명장이었다.

인간적인 수많은 갈등과 고민, 나라와 임금에 대한 자신의 역할, 목숨을 내놓는 자신의 의도와 상관없이 무참히 짓밟히는 질시와 모함 속에서 결국 역적으로 몰려 귀향을 가게 되는 상황, 우여곡절 끝에 다시 돌아왔을 때의 절망적인 상황 등 모든 것들이 그에게는 절망이었음을 누구나 느낄 수 있다. 그럼에도 불구하고 속으로 묻고 묻었던 인간 이순신, 마지막 전투에서 목숨을 내놓으며 승리를 이끈 외로운 영웅의 고독과 슬픔을 짧은 글로 표현했다.

앞에서 3개의 핵심단어와 주제 문장이 무엇이었는지 다시 살펴보자.

칼, 노래, 절망

칼은 노래한다. 무의미한 삶이 절망은 아니라고.

우리는 칼이 무의미한 삶이 절망은 아니라고 노래하고 있음에 주목했다. 무슨 뜻을 담고 있는 것일까?

'무의미한 삶' VS '절망이 아니다.' 참으로 고통스럽고 희망이 보이지 않는 개인적인 삶은 그야말로 인간적으로 볼 때 무의미하다 하겠지만, 그것을 포기하고 나라와 임금을 구했다는 결과적인 측면에서는 절망이 아닌 가치 있는 삶이라는 것이다. 이순신, 그를 상징하는 칼이 그런 무의미함 속에서 절망을 이겨내는 고통의 노래를 부르고 있다는 것을 주제 문장으로 표현한 것이다.

10줄 내외로 저자의 의도와 책에 담긴 절절한 느낌을 핵심 주제와 연결해서 표현한 아주 훌륭한 요약이다.

질문하기

요약은 저자의 생각을 자신의 관점으로 재해석하는 것이라면, 질문은 온전히 자신의 관점으로 저자의 생각을 되짚어보는 것이다. 질문의 열쇠는 '왜, 어떻게, 무엇, 만약' 등이다.

여기에서 나온 질문은 다음과 같다.

> '칼의 노래'라는 제목은 무엇을 의미하는 것이고, 왜 '칼의 노래'라고 표현했을까?

제목에 담겨 있는 저자의 의도가 무엇일까를 생각하는 질문이다. 항상 그렇듯이 저자는 자신의 생각을 함축적으로 담을 수 있는 책 제목을 정하는 데 많은 고민을 한다. 그러므로 제목에 담긴 의도를 파악하는 것은 저자의 본질적인 생각을 묻는 질문인 것이다.

앞에서 칼은 외로운 이순신을 상징하는 것이라고 스스로 설명을 한 터에 또 다시 그 의미를 묻고 있다. 무언가 더 깊은 의미가 있지 않을까 싶었던 것이다. 스스로 작가의 입장을 생각하고 해석한 답은 다음과 같다.

> 작가는 무기와 악기는 같은 것이라고 생각했을 것이다.

발상 자체가 특이하고 기발하다. 10줄 요약에서도 그랬듯이 항상 첫 문장이 생각의 실마리 역할을 한다. 무기와 악기가 어떤 측면에서 같은 것이라고 생각했을까? 그리고 저자가 그렇게 생각했을 것이리고 추측하고 있는 근거는 무엇일까? 질문하기는 자신의 모든 상상력을 동원해야 한다. 질문의 성격과 질이 생각의 수준을 만든다. 근거를 다음과 같이 설명하고 있다.

> 즉 악기를 연주하는 것과 무기로 적을 베는 것은 '나' 라는 존재로부터 혼을 담아 행해지는 것이다.

무슨 말인가? 이 One Page 독서노트를 쓴 사람에게 자세한 설명을 물었다. 그의 설명을 그대로 옮겨 보겠다.

"제목을 생각해보면, 칼은 무기이자 노래의 주체다. 칼은 이순신을 상징하는 것인데, 그는 자신의 모든 혼을 담아 나라를 구하면서 또 한편으로는 개인의 혼이 담긴 절망의 노래를 불렀다. 즉 양면성을 가진 '나' 라는 혼을 담아서 자신의 절망과 구국의 혼을 동시에 노래한 것이다. 그런 측면에서 일맥상통한다는 것이다."

설명을 들으니 정말 그렇게 이해가 된다. 특이한 발상과 관점이 저자의 의도를 자신의 입장에서 훌륭하게 재해석하고 있다. 관점의 차별화란 바로 이런 것이다.

> 추측이지만 아마 '칼의 노래'라는 표현이 의미하는 것은 이순신 장군은 죽었지만 아직 부러지지 않은 그의 칼이 장군의 한을 울부짖는다는 것을 말한 게 아닐까?

'아직 부러지지 않은', 즉 나라를 구한 업적과 그의 살아 있는 정신으로 상징되는 칼이 한편으로는 인간적인 한을 울부짖는다는 의미가 담긴 문장으로 마무리하고 있다. 예비독서부터 마지막 질문하기까지 시종일관 저자의 의중을 정확하게 꿰뚫어보며 자신의 생각을 정리해놓았다.

놀라지 말라. 지금 사례를 들었던 《칼의 노래》를 One Page 독서노트로 정리한 사람은 겨우 15세 중학교 2학년 여학생이다. 바로 필자의 딸이다. 이런 정도의 글을 쓰기까지 그리 오랜 시간이 필요치 않았다. 이처럼 책을 읽고 One Page 독서노트를 통해 훈련을 하면서 놀라운 변화를 체험하는 사람들이 매우 많다. 직접 경험해보기 바란다.

예시 2

One Page 독서노트

제목 : 넛지　　　　저자 : 리처드 탈러, 캐스 선스타인

예비 독서	머리말, 목차 등을 통해 이 책의 중요 단어와 주제를 찾아보세요.	• 중요 단어 : 넛지, 착각, 프레임, 선택, 의사결정, 설득, 타성, 사회적 관습, 낙관주의, 인센티브 • 추정 주제 : 사고의 오류를 방지하고 가장 효율적인 선택을 할 수 있는 방법은 무엇인가?
	저자에게 무엇을 묻고 싶은지 질문을 생각해보세요.	• 사고의 오류에 빠지는 이유는 무엇이며, 그것을 방지하기 위한 방법은 무엇인가? • 최선의 선택을 하려면 어떤 기준이 필요한가? • 타인에 대한 영향력을 확대하기 위한 효과적인 전략은 무엇인가?
아웃풋	책의 내용을 이해하고 기억해야 할 중요 단어들을 적어보세요(30~50개).	행동, 결정, 선택설계자, 자유주의적 개입주의, 간섭, 이익 극대화, 비용 최소화, 자율선택권, 예측가능, 자동시스템, 숙고시스템, 사회적 영향력, 집단동조, 무작위, 예측불가능, 사회적 넛지, 자기과신, 자기 통제, 무심한 선택, 자동조종시스템, 기준선 설정, 입수 가능성, 대표성, 착각, 비현실적 낙관주의, 손실기피, 현상유지, 프레임, 선택, 디폴트, 최소저항경로 만들기, 자기선택, 자기부담 최소화, 자동가입, 선택위임, 승인추정, 오류예상, 피드백, 옵션 선택, 이익과 비용, 훈련과 시행착오, 내가 진정으로 원하는 것, 착각, 보증과 실제 이익, 인센티브
	위의 중요한 단어들 중 전체의 흐름을 이끌어가는 키워드를 추려보세요(10여 개).	선택설계자, 자율선택권, 자동시스템, 사회적 영향력, 디폴트, 자기 선택, 내가 진정으로 원하는 것, 이익과 비용, 인센티브

아웃풋	**키워드 중 저자의 주요 메시지가 담긴 3개의 핵심단어와 그 단어들을 활용해 1~2개의 주제 문장을 표현해보세요.**
	• 핵심단어 : 선택 설계, 내가 진정으로 원하는 것, 자기 선택 • 핵심 주제 : 인간에게 주어진 최고의 권리는 자기 선택권이다. 진정으로 원하는 삶이 무엇인지 이해하고 그에 따른 선택 기준을 현명하게 설계하는 것이 매우 중요하다.
	책의 주제를 자신의 관점에서 10줄 내외로 요약해보세요.
	인간의 마지막이자 최고의 권리는 자신의 선택에 따라 삶의 질을 결정할 수 있다는 것이다. 그러나 대부분의 사람들은 남이 설계해놓은 기준과 틀 속에서 자신도 모르게 고유의 자율권을 박탈당하고 있다. 사회적 영향력과 타인의 선택에 자신의 삶이 어떤 식으로 무심히 흘러가고 있는지 생각해봐야 한다. 집단동조, 자기과신, 태만함, 착각 등 여러 보이지 않는 선택의 오류들을 정확히 이해하고 어떤 방식으로 무엇을 선택해야 하는지 현명한 판단을 하지 않으면 안 된다. 복잡함보다는 단순하고 쉽게 이해할 수 있어야 하며, 자기 선택권을 무심코 타인에게 위임하지 않아야 한다. 어떤 오류가 예상되는지 사전에 확인해야 하며, 실행 후에는 결과에 대한 확인 방법과 개선이 뒤따라야 할 것이다. 한 번 더 생각하고 현명한 결정을 하려면 자신에게 주어진 옵션이 무엇인지 정확히 알아야 한다. 결국 자신이 진정으로 원하는 것이 무엇인지 아는 것이 현명한 선택을 할 수 있는 최선의 방법이다.
	자신에게 매우 중요하거나 적용해야 할 것을 질문하고 스스로 대답을 생각해보세요.
	• 내가 진정으로 원하는 것이 무엇인지를 이해하고 있는가? • 내 삶에 대해 자율적 선택권을 행사하고 있다고 생각하는가? • 목표를 달성하기 위한 과정에서 어떤 훈련과 시행착오를 통해 길을 찾아내고 있는가? • 오류와 시행착오를 최소화하기 위해 어떤 피드백 시스템을 유지하고 있는가?

※ One Page 독서노트 양식은 '포커스 리딩' 홈페이지에서 다운로드 할 수 있습니다.

4장
포커스 리딩을 응용하라

책을 읽는다는 것은
인생을 읽는 것과 같은 것이다.
그러므로 책읽기를 통한
통찰력 훈련은
자신의 삶에서 일어나는
거시적 · 미시적인 상황들에 대한
통찰력을 훈련하는 것과 같다.
포커스 리딩을 당신의 삶에
다양하게 활용할 수 있어야 한다.
단지 책읽기에만 적용한다고 생각하면
더 큰 것을 놓치게 되는 것임을
강조하고 싶다.
세미나, 회의, 토론, 협상 등에서
이 과정을 적용해보라.
실제로 One Page 독서노트를 놓고
적으며 생각을 진행시켜보면
놀라운 효과를
경험할 수 있을 것이다.

FOCUS THINKING

인생을 읽는 프로세스, 포커스 리딩

지금까지 우리는 책을 읽고 정리하는 방법을 배웠다. 일반적으로 책은 읽고 이해만 하면 되는 것으로 생각하지만 그것은 책을 읽는 목적과 투입하는 노력에 비하면 터무니없이 부족한 결과만 남길 뿐이란 사실을 깨닫지 못한 것이다. 저자와의 진정한 소통이 어떤 것인지 깊이 생각하고 삶의 변화와 목적을 달성하려면 그에 합당한 전략이 있어야 한다.

포커스 리딩이란 말 그대로 핵심에 초점을 맞추는 책읽기다. 핵심에 초점을 맞추게 되면 자연스럽게 책읽는 속도와 정확성을 높일 수 있을 뿐만 아니라 본질적인 깨달음을 통한 변화를 만들어낼 수 있다. One Page 독서노트를 작성하는 것도 그런 연장선에서 핵심을 중심으로 저자와 더욱 깊은 생각의 교류를 하기 위한 것이다.

한 걸음 더 나아가서 생각해보자. 포커스 리딩 프로세스가 과연 책읽기에만 적용되는 것일까? 우리 삶에서 일어나는 작은 일부터 궁극적인 목적을 이루기 위한 거시적인 설계를 하는 데에도 포커스 리딩에서 제시하는 프로세스는 동일하게 적용할 수 있다.

❖ 포커스 리딩 프로세스의 적용

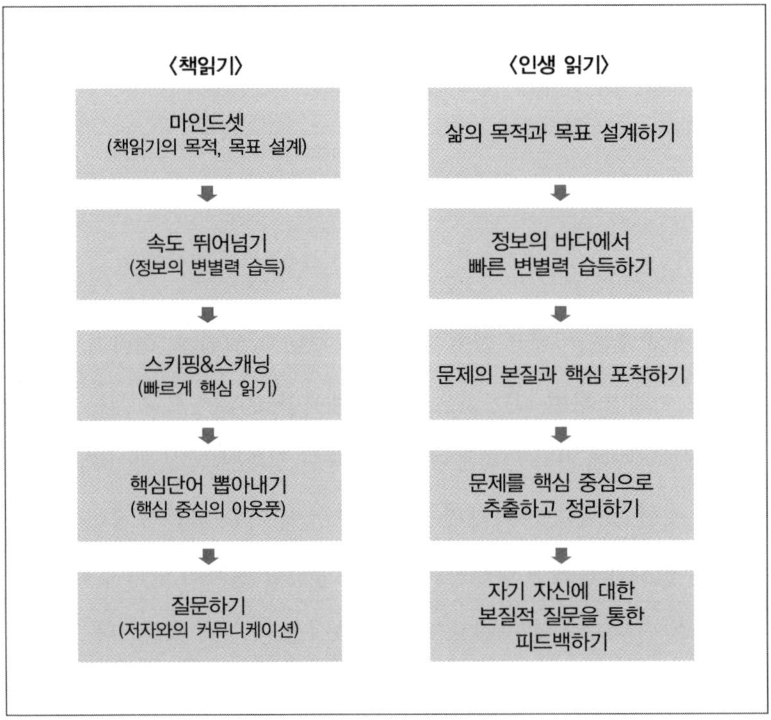

책을 읽는다는 것은 인생을 읽는 것과 같다. 그러므로 책읽기를 통한 통찰력 훈련은 자신의 삶에서 일어나는 거시적·미시적인 상황들에 대한 통찰력을 훈련하는 것과 같다. 한 번뿐인 인생을 진지하게 살아야 하듯 책읽기도 진지한 자세로 임하지 않으면 안 된다.

One Page 독서노트는 우리가 살아가면서 많은 사람들과 소통하는 데 매우 유용한 도구가 될 수 있다. 인간의 가장 보편적인 소통 수단인 말하기와 듣기, 그리고 글쓰기에 어떻게 적용할 수 있는지 생각해보자.

말하기·듣기 공부, 세미나, 회의, 협상, 토론, 연설, 프레젠테이션, 세일즈 피칭 등

글쓰기 보고서, 리포트, 논문, 논술, 사업계획서 등

말하기와 글쓰기는 누군가에게 자신의 생각을 표현함으로써 자신이 원하는 방향으로 유도하려는 점에서 같은 속성을 가지고 있다. 메시지가 명확해야 하며, 논점이 논리적이고 단순 간결해야 한다. 복잡하거나 주제가 많으면 의사전달에 혼란을 초래할 뿐 아니라 목적한 바를 이룰 수 없다.

듣기는 쏟아지는 단어들 중에서 무엇이 중요한지 변별하고 핵심을 골라내는 능력이 필요하다. 듣기와 읽기는 입력이라는 점에서, 말하기와 글쓰기는 출력이라는 점에서 사실 같은 속성을 가지고 있다. 그러므로 지금까지 책읽기에 대한 많은 설명들은 결국 듣기에 관해 설명한 것

이나 다름없고, One Page 독서노트를 활용한 아웃풋은 말하기와 글쓰기에 다양한 형태로 응용될 수 있음은 너무나 당연한 것이다.

하나의 기술을 충분히 훈련해 일정 수준 이상으로 숙달하면 여러 분야에서 응용된다는 것은 포커스 리딩만 해당되는 일은 아니라는 것을 충분히 알고 있을 것이다.

수많은 텍스트와 정보들 중에서 중요 단어 찾기를 통해 정확하고 간결하게 압축하는 것이 가장 먼저 해야 할 일이다. 그 다음은 키워드를 통해 논점의 방향과 핵심 정보가 어떤 것들인지 추출하게 된다. 3개의 핵심단어와 주제는 궁극적으로 찾으려는 문제에 대한 해답이며 열쇠다. 여기까지만 도달해도 결론을 얻은 것이나 다름없다.

그러나 결론에서 멈추게 되면 새로운 관점에서 남들과 차별화된 무언가를 얻기 힘들다. 결론은 누구나 어떻게 해서든 찾을 수 있는 보편적이고 상식적인 것이기 때문이다. 남들과 다른 요소를 가지고 있어야만 획기적이고 파격적인 가치를 얻을 수 있다.

❖ One Page 독서노트의 아웃풋 프로세스

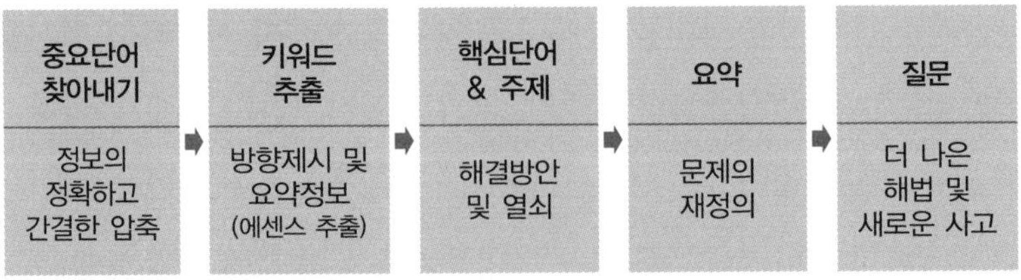

마케팅 전략이란 한마디로 말하자면 '차별화할 수 있는 요소를 만드는 일'이다. 차별화되지 않는 것은 기껏해야 평균 정도의 평가를 받거나 싸구려 취급을 받을 수밖에 없다. 그러므로 한두 걸음 더 나아가야 한다.

이것이 바로 결론에 대한 재해석이다. 남들이 당연하다고 생각하는 것을 자신의 관점에서 핵심 중심으로 재정의하는 것이 One Page 독서노트의 10줄 요약이었다. 최대한 간결하게 결론에 대해 자신만의 관점으로 풀어서 설명하면 또 다른 실마리를 발견할 수 있다. 뻔한 결론과 형식에 얽매이지 말고 과감하게 다른 관점으로 결론을 재정의해보라. 그럼 또 다른 출구가 있음을 발견하게 될 것이다.

그리고 다른 관점에서의 요약을 질문의 형식으로 꼬리에 꼬리를 물고 들어가면 전혀 생각지도 못했던 새로운 관점에서 획기적인 해법을 찾아낼 수 있다. 질문은 그야말로 보물을 손에 쥘 수 있는 가장 훌륭한 나침반이다.

세미나, 회의, 토론, 협상 등에서 이 과정을 적용해보라. 실제로 One Page 독서노트를 놓고 순서대로 적으며 생각을 진행시켜보면 놀라운 효과를 경험할 수 있을 것이다.

FOCUS THINKING

3의 법칙을 활용하라

One Page 독서노트에서 중요 단어와 키워드를 추출하는 것은 결국 결론을 만들어내는 3의 법칙을 적용하기 위한 과정이라고 볼 수 있다. 세상에서 가장 안정적인 숫자 3을 활용하는 것이 정보의 저장과 활용에 매우 유용함을 이해해야 한다.

- 단 하나의 결심을 이루기 위한 3단계 전략을 수립하고 있는가?
- 삶에서 가장 결정적인 디딤돌이 될 수 있는 멘토 3명은 누구인가?
- 평생 읽고 또 읽을 책 3권을 선정하라면?
- 인생에서 반드시 이루고자 하는 3가지 목표는?

- 지금 당장 유언을 남긴다면 남기고 싶은 말 3개는 무엇인가?
- 오늘, 이번 달, 올해의 목표를 각각 3가지씩 명확하게 한다면?
- 나의 비즈니스를 성공시키기 위한 전략적 키맨 3명은 누구인가?
- 내 삶에 가장 중요한 질문 3개를 만들어본다면?
- 지금 복잡한 상황에 빠져 있다면 벗어날 수 있는 3개의 핵심 단어는?

논문, 보고서, 제안서, 프레젠테이션 등 3개의 주제나 근거를 들고, 어떤 목적을 가진 협상을 해야 한다면 비장의 예비카드 3개를 준비하라. 내 삶을 크게 3단계로 나누어 각 단계별 목표와 전략을 수립하고 일주일에 적어도 3번은 땀을 흘리며 운동을 해라. 그리고 하루 30분 완전히 독립된 공간에서 묵상 혹은 글쓰기를 해보라.

어디 이것뿐이겠는가? 3개 이상 쓸데없이 생각하지 말고 에너지도 낭비하지 말라. 오직 3개에만 자신의 모든 것을 집중해보자. 가장 중요한 3개의 핵심에 들지 못하는 것은 일단 과감히 포기한다는 생각에 초점을 맞춰라. 문제를 해결하거나 질문을 하거나 생각을 하거나, 어떤 도전과 결단은 최소한 '3번의 why?'를 이어가라.

누구나 할 수 있으며 기억하기 쉽고 강력한 효과를 발휘하는 것이 바로 3의 법칙을 적용하는 것이다. 포커스 리딩과 One Page 독서노트도 크게 3단계다. 포커스 리딩은 '마인드셋—읽기—출력'으로 구성되며, One Page 독서노트는 '예비독서—핵심 도출—질문'으로 이루어져 있다. 이렇게 생각의 초점을 집중하는 것이 바로 '포커스 씽킹'이다. 포커스 씽킹은 포커스 리딩을 더욱 깊이 구체화한 것이다.

우리 두뇌가 수용할 수 있는 최적의 단계가 3단계라는 것을 절대 잊지 말자. 그 이상은 기억하기 어렵고 활용도 잘 되지 않는다. 누군가에게 제안을 할 때에도 3개까지, 지시를 하거나 훈시를 할 때에도 3개 이상은 하지 않는 것이 좋다. 그 이상을 하게 되면 모든 것이 희석되어 초점을 놓치게 된다.

포커스 리딩, 그리고 한길음 더 나아가 포커스 씽킹을 당신의 삶에 다양하게 활용할 수 있어야 한다. 단지 책읽기에만 적용한다고 생각하면 더 큰 것을 놓치게 되는 것임을 강조하고 싶다.

TIP

미국 육군의 대표적인 학습법 'SQ3R'

이 책에서 설명하는 포커스 리딩 One Page 독서노트 프로세스와 미 육군의 학습법인 SQ3R은 유사한 부분이 많다.
제2차세계대전 당시 미 육군에서는 장병들을 단기간에 훈련시킬 수 있는 교육시스템이 필요했다. 그래서 국방성이 오하이오주립대학교의 프랜시스 로빈슨 박사에게 그러한 시스템 계발을 의뢰해 만들어진 것이 SQ3R이다. SQ3R은 'Servey(개관)－Question(질문)－Read(읽기)－Recite(음미)－Review(복습)'의 프로세스로 이루어져 있다.

Servey란 머리글, 목차, 도표, 삽화 등을 통해 전체 내용을 쭉 훑어보면서 내용을 대략적으로 추측하는 것이다. 학습 목표를 확인하고 학습 동기를 유발하는 것이 이 과정의 목적이다. 포커스 리딩에서 '전체 파악하기'와 같은 단계로 생각하면 된다.

Question은 책을 읽기 전에 '본문에서 가장 핵심적인 내용이 무엇일까?' '저자를 직접 만난다면 어떤 질문을 할까?' 등을 생각하는 것이다. 포커스 리딩에서의 '사전 질문'과 같은 단계다.

Read는 앞서 제기한 의문들에 대해 해답을 찾는 과정이다. 포커스 리딩의 '스키핑&스캐닝'과 같은 단계다.

Recite는 책의 내용 중 핵심적인 구절이나 단원별 요약 내용을 스스로 자문해보고 답을 하거나 메모하는 단계다. 포커스 리딩의 4단계인 '핵심단어 뽑아내기', 그리고 One Page 독서노트에서 '요약하기'와 같은 과정이다.

마지막으로 Review 단계는 앞의 2~4단계를 한두 번 더 반복함으로써 전체 내용과 중요한 개념을 정리하는 과정이다.

나의 정체성을 위한 질문

사람은 누구나 고유의 목표를 지니고 그것을 실현하기 위해서 세상에 태어났다. 자신에게 주어진 메시지가 있고 그것을 다른 사람들과 나누기 위해 살아가고 있는 것이다. 자신의 정체성을 스스로 이해하는 것은 진정한 삶의 가치를 만들고 타인과 나눌 수 있는 기반이다.

정체성을 명확하게 정의하지 못하는 것은 자신이 어떤 엔진을 장착하고 있는지 모르고 있는 것과 같다. 마치 가솔린 엔진에 경유나 LPG 가스를 주입하는 것과 같다. 정체성과 부합하지 않는 잘못된 연료 주입은 인생이라는 엔진 자체를 고장 낼 수 있다.

스스로에게 진지한 삶의 물음과 대답을 해보자.

■ 가장 이루고 싶은 인생의 궁극적인 목표는 무엇인가?

그것을 한 문장으로 표현한다면?

왜 그 목표를 이루어야 하는가?

■ 내가 진정으로 하고 싶은 가치 있는 일 3가지는 무엇이며, 바로 그 일을 하고 있는 롤모델은 누구인가?

하고 싶은 가치 있는 일	롤모델

■ 그 일을 더 잘하기 위해서 무엇을 해야 하며, 하지 말아야 할 것은 무엇인가?

해야 할 것	하지 말아야 할 것

■ 내가 남들에게 줄 수 있는 가장 높은 가치는 무엇이며, 누구에게 유익한가?

가치	유익해지는 사람

■ 가치 있는 삶을 만들기 위한 성공의 씨앗은 무엇이며, 나에게 주어진 역할은 무엇인가?

지금부터 심어야 할 성공의 씨앗	자신의 역할(한 단어 혹은 한 문장)

■ 내가 가장 잘하거나 행복하고 자신감 있게 할 수 있는 일은 무엇인가?

비전과 목표에 관한 질문

비전이란 삶의 기준인 사명이 지향하는 최종 목적지다. 사명에 근거한 비전이 없다면 방향 없이 이리저리 흘러다니는 난파선과 같은 덧없는 인생일 뿐이다. 책읽기는 자신의 사명, 비전과 방향이 일치해야 한다. 어떤 책을 읽을 것인가에 대한 지침이 바로 명확하게 설정된 사명·비전·목표다. '책을 왜, 어떻게 읽어야 하나?'라는 질문은 '삶을 왜, 어떻게 살아야 하나?'와 같은 것이다. 책읽기는 인생의 나침반을 찾는 행위이자 나침반이 가리키는 방향으로 더 효과적으로 전진하기 위한 것이다.

목표를 향해 전진하지 못하는 이유는 3가지가 있다. 목표가 명확하지 않거나, 실천 가능한 세부 목표가 없거나, 자신의 최고 가치와 연결되지 못하기 때문이다. 책읽기 주제와 삶의 방향이 일치했을 때 목적을 이룰 수 있는 책과의 진정한 소통이 시작될 것이다.

3년, 5년, 10년, 20년 후 어떤 모습으로 살고 싶은가?

3년 후	
5년 후	
10년 후	
20년 후	

그러한 모습으로 살기 위해서 지금 어떤 결단을 내려야 하는가?

■ 목표를 이루기 위해서 가장 중요한 일, 혹은 가장 먼저 해야 할 일은 무엇인가?

■ 어차피 모든 것을 할 수는 없다. 그렇다면 다음의 기준으로 자신이 집중해야 할 일을 구분해보라.

다른 사람에게 위임해도 되는 일 (전문성을 갖추지 않아도 되는 일)	결코 위임해서는 안 되는 일 (가장 중요하고 가치 있는 본질적 역할)

■ 지금부터 향후 3개월, 지금부터 3일 동안 집중할 첫 걸음의 목표는 무엇인가?

앞으로 3개월 동안의 목표	3일 동안 집중할 첫 걸음

■ 아침에 눈을 떴을 때 가슴을 설레게 만드는 목표를 향한 질문은 무엇인가?

생각의 전환을 위한 질문

나를 넘어뜨리는 내 삶의 가장 큰 적은 누구인가? 아니, 적보다 더 위험한 사람은? 그건 바로 나 자신이다. 오히려 적은 나로 하여금 훈련하게 만드는 유익함도 있다. 통념을 깨는 질문을 하라. 통념은 우리에게 아무런 생각도 요구하지 않을 뿐만 아니라 가짜 희망만 던져 준다. 인간은 용기 있는 질문과 심도 있는 해답을 통해 의미 있는 세상을 만들어간다. 질문을 통해 다르게 보는 것이 창조적 사고의 출발이다. 물음표로 세상을 다르게 바라보라.

역전의 기회는 널렸다. 생각을 바꿔보자.

‘무엇을 아는가?’ vs ‘누구를 아는가?’ 어떤 것이 승산이 있을까?

남들에게 가치를 제공할 수 있는 차별화된 지식 혹은 노하우	자신의 가치를 공유할 수 있는 사람

• 물론 둘 다 중요하다. 그러나 장기적으로 후자가 훨씬 더 강력한 힘을 발휘한다.

기분이 좋지 않거나 마음이 우울할 때 자신에게 용기와 희망을 줄 수 있는 한 마디는 무엇인가?

지금 어려운 상황에 처해 있거나 해결해야 할 당면 과제가 있다면?

그 이유는 무엇인가?	
어떤 도움이 필요하며 누구의 도움을 받아야 할까?	
당신의 롤모델이라면 어떤 결정과 행동을 할까?	
이 일에서 무엇을 배울 수 있을까?	
더 나빠질 수 있는 상황은 무엇일까?	

■ 평소에 당연한 듯 하고 있는 일 중에서 필요 없는 일은 무엇인가?

■ 나의 일과 중에서 다른 사람이 대신할 수 있는 일은 무엇인가?

지금 하고 있는 일을 왜 하는가?

자신이 현재 하고 있는 일에 대한 가치

만약 지금 하고 있는 일을 시작하지 않았다면, 동일한 상황이라고 할 때 다시 그 일을 할 것인가?

Yes : 좋은 일이다. (그 일을 더 잘할 수 있는 방법은?)	No : 그렇다면 어떻게 할 것인가? (지혜롭게 포기할 수 있는 방법은?)

감사를 위한 질문

장미꽃에 난 가시 때문에 불평하고 있는가? 그렇다면 가시 있는 줄기에 피어난 장미꽃을 보라. 감사하지 않을 수 없다. 위기가 곧 기회이자 축복이란 것을 깨닫는 것이 지혜다. 물고기가 물을 의식하지 못하고 살아가는 것처럼, 인간도 존재의 신성한 본질을 당연하게 여긴다. 자신의 심장박동과 호흡이 유지되고 있음을 감사해야 한다.

우리를 에워싸고 있는 눈에 보이지 않는 삶의 에너지의 흐름에 부단히 감사한 마음을 잃지 않는 것, 그것이 중요하다. 가장 풀기 어려운 문제는 우리가 받은 축복의 덧셈이라고 한다. 한 권의 책을 온전히 읽을 수 있음에 감사해야 한다. 자신의 삶의 가치가 어디에서 시작되는지 잘 알고 그 가치를 실현하기 위해 노력하라. 왜냐하면 인생 자체가 선물이기 때문이다.

■ '신이 나를 버렸는데 무엇을 감사한단 말인가?' vs '신이 나를 버리지 않았는데 감사하지 않을 것이 무엇인가?'
어느 쪽을 선택하고 싶은가?

■ 아직도 신은 당신을 포기하지 않고 바라보고 있다. 당신은 누구를 바라볼 것인가?

■ 딱 3명에게 진정한 감사의 편지를 보낸다고 하면, 누구에게 어떤 감사의 글을 보내고 싶은가?

■ 오늘 생활에서 감사할 수 있는 일 3가지를 생각해본다면 무엇인가?

■ 오늘 나는 감사할 만한 어떤 배움을 얻었는가?

■ 오늘 누구에게 어떤 도움을 주었는가? 혹시 깜박 잊고 도움을 주지 못한 것은 무엇인가?

인생의 깊이를 더해주는 책들

필자는 평소 책읽기를 가르치면서 "책읽기의 성패는 책 선택이 50%를 차지한다"고 강조한다. 그래서인지 책을 추천해달라는 부탁을 많이 받는다. 하지만 그건 참으로 어려운 일이다. 부탁하는 사람의 입장에서는 그 많은 책 중에서 어떤 책을 읽어야 할지 참으로 난감하겠지만, 추천하는 입장에서도 부탁한 사람의 욕구를 충족시켜줄 책을 정확히 골라내는 것이 어렵긴 마찬가지다.

책이란 각자의 취향과 욕구가 다르기 때문에 결국은 보물찾기 하듯 스스로 찾아내야 하는 작업이다. 지금 추천하는 책은 최대한 보편적인 관점으로 어렵게 선택했다. 필자의 관점으로는 놓치기 아까운 책들이므로 많은 사람들이 공유하기를 원하지만 그것도 모를 일이다. 다만 몇 권이라도 도움이 되길 바랄 뿐이다.

죽음의 수용소에서

빅터 프랭클

자신의 의지와 상관없는 생사의 갈림길에서 극한의 고통을 겪으면서 견딜 수 있었던 것은 삶의 의미에 대한 질문 때문이었다. 잔인한 죽음의 수용소 아우슈비츠에서 극적으로 살아남은 사람들에게는 자기 자신에 대한 자존감과 왜 살아야 하는지에 대해 끊임없이 자문한다는 공통점이 있었다. 모든 가치를 파멸당한 채 굶주림과 혹독한 추위, 그리고 상상하기 어려운 핍박 속에서 그들은 어떻게 죽음의 공포를 견뎌냈으며, 어떻게 의미 있는 삶을 발견하고 유지할 수 있었는지 가슴을 울리는 체험적 메시지를 던지고 있다.

인문의 숲에서 경영을 만나다

정진홍

학습, 비즈니스, 무엇를 하든 통찰의 힘을 갖추지 않으면 안 된다. 대기업이든 1인 기업이든 모든 사람은 경영자임에 틀림없다. 자기 삶의 최고 경영자로서 인문학적 통찰력이 없으면 모래 위에 집을 짓는 것과 다름없다. 인문학을 통해 길러진 통찰력은 요란하게 급변하는 세상 속에서 흔들림 없이 자신의 목표를 향해 나아갈 수 있는 나침반이 될 것이다. 삶의 뿌리와도 같은 살아 있는 인문학을 통해 삶의 가치와 사람답게 살아가는 지혜를 배울 수 있을 것이다. 닳고 닳도록 여러 번 읽고 있는 책이다.

기탄잘리

타고르

의외의 책을 추천한다 생각하지 말라. 30여 년 전 아주 어린 시절 어쩌다 손에 잡힌 이 책은 지금도 여전히 내 책상에서 가장 가까운 곳에 꽂혀 있다. 동양인 최초의 노벨문학상 수상작가인 타고르의 연작 시집인 이 책은 사상과 감정이 지극히 응축된 언어로 빚어낸 걸작이다. 번잡한 모든 일상을 잠시 내려놓고 이 책의 어느 한 구절이라도 읽어보길 권한다. 순식간에 타고르와 마주 앉아 지금까지 경험하지 못했던 대화를 나눌 수 있을 것이다. 절대자에 대한 인간의 생각을 이렇게 표현할 수 있다는 것이 놀라울 뿐이다. 단 한 권을 추천하라면 단연《기탄잘리》다.

술취한 코끼리 길들이기

아잔 브라흐마

우리 마음속에 존재하는 삶과 고통, 사랑, 분노, 두려움, 행복, 그리고 포기. 인간의 가장 큰 어리석음은 '삶이 영원히 지속될 것이라는 착각'이다. 우리가 추구하는 모든 것들이 과연 어떤 의미를 갖고 있는지 생각하게 만드는 책이다. 만일 당신이 일주일 후 반드시 죽을 수밖에 없는 운명이라면 남은 시간 동안 무엇을 하겠는가? 지금 추구하고 있는 그것을 여전히 할 것인가, 아니면 더 중요한 무언가를 할 것인가? 당신의 마음속에 있는 코끼리가 어떤 의미를 가지고 있는지 정확히 볼 수 있다면 더 가치 있는 삶이 무엇인지 생각할 수 있는 기회를 가질 수 있을 것이다.

젊음의 탄생

이어령

딱딱하게 굳어져 있는 두뇌를 말랑말랑하게 만들고 싶다면 이어령 선생과 대화를 나누면 도움이 될 것이다. 앞으로 모든 경쟁은 창의성으로 승부를 걸어야 한다. 젊은이들의 영원한 멘토인 이어령 선생이 제시하는 9가지 창의성 카드 중 단 하나라도 제대로 활용할 수 있다면 당신은 이미 남보다 몇 걸음 앞서가는 선구자가 되어 있을 것이다. 번뜩이는 아이디어와 무릎을 치게 만드는 9개의 카드가 당신을 창조지성의 세계로 안내할 것이다. 9개의 카드 중 하나라도 반드시 챙겨야 한다.

갈매기의 꿈

리처드 바크

이 책을 제대로 읽어 본 사람이라면, 이 책을 왜 추천해야 하는지 고개를 끄덕일 것이다. 고깃배에서 던져지는 썩은 고기를 서로 빼앗아 먹으려고 사투를 벌이는 '그들'을 떠나 더 높은 곳으로 날아올라야 한다. 하늘 위의 하늘로 날아올라 또 다른 어떤 세상이 있는지 발견해야 한다. 조직적 사고, 하찮은 투쟁, 가치 없는 것들에 목숨을 걸고 사는 '그들'과 다른 삶을 갈매기들을 통해 생각해볼 필요가 있지 않을까? 잘 알려져 있지만 제대로 읽혀지지 않는 아까운 책이다. 과거에 읽었다 하더라도 지금 다시 겸손한 마음으로 읽어보기 바란다.

꿈 너머 꿈

고도원

'꿈쟁이' 혹은 '꿈박사' 라는 별명으로도 불리는 고도원 선생이 어떤 꿈을 어떻게 꾸어야 하는지 안내하는 책이다. 꿈을 가진 사람은 행복하지만 '꿈 너머 꿈' 을 가진 사람은 위대하다. 꿈은 또 하나의 꿈을 이루기 위한 징검다리에 불과한데 징검다리 건너 또 다른 꿈이 있다는 걸 놓치곤 한다. '꿈 너머 꿈' 은 내가 아닌 다른 사람을 생각하는 것이다. 꿈을 이룬 한 개인을 넘어서, 그들을 통해 더 많은 사람들이 행복해질 수 있는 세상을 만드는 것이다. 우리의 꿈이 어떤 이의 꿈을 키우는 씨앗이 되고, 거름이 될 수 있는 세상을 만드는 것이다. 불씨임을 자청한 필자와 너무나 똑같은 생각이 담겨 있는 바로 그 책이다.

하루 질문의 힘

김태광

분량은 얼마 되지 않지만 생각할 것은 한보따리 던져주는 책이다. 내가 던질 질문이 내 삶을 만드는 것이다. 질문이 성공과 실패를 가르며, 행복과 불행의 기준이 되기도 한다. 기회, 배움, 통찰력, 사람, 마음, 무엇이든 합당한 질문을 던져야만 얻을 수 있다. 인생을 바꾸려면 질문부터 바꿔야 한다. 책읽기에서 시종일관 질문의 중요성을 강조하고 있는 입장에서 이 책을 조금도 주저함 없이 '강추' 한다. 책읽기의 수준을 높이려면 질문의 수준을 높여야 한다.

그대, 스스로를 고용하라

구본형

현실밖에 없는 인생은 병자의 삶이다. 하루를 넘기고 오늘을 사는 것만이 중요해질 때 우리는 미래를 계획할 수 없다. 그대, 지금 어디를 바라보고 있는가? 자신을 위해 한 번의 혁명을 준비해야 할 때가 되지 않았는가? 세상이 시들해 보이는 이유는, 세상이 시들해져서 그런 것이 아니다. 자신의 일과 삶에 관심과 열정을 잃었기 때문이다. '나는 변화를 원하는가?' 이런 질문은 무가치한 것이다. '변해서 무엇이 되고 싶은가, 어떻게 그렇게 될 수 있는가?' 라는 질문이 더 좋은 질문이다. 이 책을 통해 자신의 삶을 책임질 수 있는 '나 주식회사'의 최고경영자로서 거듭나는 계기를 만들기 바란다.

불씨

도몬 후유지

필자의 별호(別號)와 같은 제목을 가진 이 책을 읽은 것이 벌써 8년 전이다. 지금도 여전히 이 책의 가치는 유효하다. 파탄직전의 에도막부를 살려낸 17세의 젊은 지도자는 다음과 같은 말을 하며 얼어붙은 '재의 나라'에 개혁의 불씨를 지핀다. "번사 한 사람 한 사람이 불씨가 되어주기 바란다. 우선 자신의 가슴에 불을 붙여주기 바란다. 그리고 타인의 가슴에도 그 불을 옮겨주기 바란다. 그러기 위해서 나 역시 나 자신을 불태우겠다." 얼마나 멋진가! 위대한 가치를 이루기 위해서 자신의 가슴 속에서 불타고 있는 불씨를 어떻게 확산시킬 것인지 생각하게 만든다.

몰입

황농문

세렝게티의 무법자인 사자는 한 마리의 가젤을 잡기 위해 자신의 모든 능력을 집중한다. 당신의 몰입지수는 얼마나 되는가? 몰입지수가 경쟁력의 척도라고 할 수 있다. 'Work Hard'가 아닌 'Think Hard'를 하고 있는가? 진정한 성과는 고도의 몰입을 해야만 얻을 수 있다. 이 책은 누구나 자신의 평균 능력을 극대화시킬 수 있는 노하우를 제시하고 있다. 그것이 바로 이 책의 제목인 'Focus Thinking'이다. 빌 게이츠가 1년에 2번의 'Think Week'를 가지는 이유는 몰입하기 위한 시간을 가지기 위해서다. 마이크로소프트의 많은 비전들이 바로 이 기간의 몰입적 사고에서 탄생한 것이다. 몰입적 사고를 통해 창조적 인재가 되는 길을 배우기 바란다.

변경

렁청진

이 책을 추천 목록에 올리는 것을 주저하지 않을 수 없었다. 왜냐하면 나 자신도 이 책을 제대로 소화했는지 자신이 없기 때문이다. 여러 번 읽어봐도 새로운 것이 자꾸 보이고 더 많은 생각을 하게 만드는 책이다. 분량도 적지 않거니와 담겨 있는 지혜의 깊이가 끝을 알 수 없다. 그럼에도 불구하고 아니, 그렇기 때문에 이 책을 강력히 추천한다. 인재를 활용하는 지혜를 배우고 싶다면 이 책을 품에 안고 살아야 할 것이다. 중국의 역사 속에서 다양한 인물들의 발탁과정과 관리 노하우를 생생하게 보여준다. 자신이 리더라고 생각한다면 절대 놓쳐선 안 된다.

상경

스유엔

중국의 오늘은 결코 기적이 아니다. 그들은 이미 오래 전부터 세계의 중심이었고, 역사만큼이나 깊은 지혜를 가지고 있다. 서양 중심의 경영전략에 길들여져 있는 현대 사회에서 중국은 그들과 또 다른 전략을 이미 오래 전부터 제시하고 있다. 14억 중국인들이 가장 숭배하는 상성(商聖) 호설암의 경영 정신을 담은 이 책은 최근의 어떤 경제경영서보다 훨씬 앞선 비즈니스 지혜를 가르치고 있다. 변경과 함께 여러 번 통독하길 권한다.

80:20법칙

리처드 코치

실패하는 개인, 몰락하는 기업 등 아무리 노력해도 결과가 신통치 않은 이유가 뭘까? 그것은 에너지 집중의 원리를 모르기 때문이다. 80:20법칙은 요령껏 적게 투자하라는 말이 아니다. 더 중요한 것이 무엇인지 분별하고, 중요하지 않은 것을 제거하는 삶의 원칙을 강조하는 것이다. 진정한 승부는 핵심을 포착하고 거기에 집중하는 것에서 결정된다. 전략이란 선택의 문제이며, 집중은 실천의 요체다. 한정된 자원을 제대로 활용해서 원하는 것 이상의 결과를 만드는 노하우를 지금 당장 배워야 하지 않을까? 포커스 씽킹을 제대로 이해하기 위해서는 꼭 읽어야 할 책이다.

피터 드러커의 자기경영노트

피터 드러커

이 책은 피터드러커의 20여 년 컨설팅 경험이 농축되어 있다. 대기업부터 개인에 이르기까지 동일한 원리로 프로페셔널이 되기 위한 혁신적 법칙을 가르치고 있다. 항상 느끼는 바지만, 역시 구루들은 뭐가 달라도 확실히 다르다. 이 책을 통해 진정한 구루의 진가를 깨닫게 될 것이다. 깊은 메시지를 군더더기 없이 매우 쉽게 설명하고 있으며, 즉시 실천해서 성과를 만들 수 있는 방법을 제시하고 있다. 진정한 지식근로자가 되기를 원한다면 이 책은 교과서나 다름없다. 이 책과 동 저자의《프로페셔널의 조건》도 함께 읽어보기 바란다.

정상에서 만납시다

지그 지글러

자기계발 서적을 딱 한 권으로 마스터하고 싶다면 이 책이 적합할 거 같다. 이미 수천만 명의 사람들이 인생의 성공에 관한 책들 중 이 책을 능가하는 책을 읽어본 적이 없다며 그 사실을 검증했기 때문에 믿을 만하다. 어떤 분야든 모두 적용될 수 있는 책은 그리 흔하지 않지만 이 책은 예외다. 첫 장부터 뭔가 '다르다' 라는 단어가 떠오를 것이다. 확실히 이 책은 그저 그런 자기계발서와는 차원이 다른 뭔가가 있다. 요약본이 아닌 완역본을 읽는 것이 훨씬 좋다. 10여 년 전부터 읽어왔던 책이지만 지금도 여전히 새로운 동기부여를 해주는 깊은 마력이 있다.

권력의 법칙

로버트 그린

지금 추천하는 책들 중에서 가장 현실적인 사람들의 냄새를 담고 있는 책이다. 이 책은 결코 고상하거나 품위 있는 책이 아니다. 가장 원초적인 이익과 권력, 욕망, 질투, 모략, 증오 등의 어두운 감정들이 화려한 표면 아래에서 부글부글 끓고 있음을 적나라하게 보여주고 있다. 겉으로는 고상한 척하지만 상대를 유혹하고 기만하며 교묘한 술책으로 권력다툼을 하는 현장에서 승리하는 방법을 구체적으로 가르쳐주는 책이다. 이 책을 추천하는 이유는 우리의 삶이란 것이 서쪽 노을의 아름다운 석양만이 전부가 아님을 깨닫고 살아야 하기 때문이다. 석양의 아름다움은 공기 중의 수많은 먼지가 만드는 것이다. 사람들의 권력에 대한 본성을 제대로 공부할 필요가 있다면 이 책을 꼭 읽어라.

탤런트 코드

대니얼 코일

최근 들어 다중지능이론에 관해 많은 사람들이 관심을 가지고 있다. 때맞춰 말콤 글래드웰은 《아웃라이어》라는 책으로 후천적 재능과 환경, 그리고 1만 시간 동안의 노력을 강조하고 있다. 분명한 것은 무작정 노력만 해서는 안 된다는 사실이다. 자신의 내면에 어떤 재능이 숨어 있는지를 발견하는 것이 진정한 교육과 발전의 출발임을 알아야 한다. 개인의 능력과 한계가 선천적으로 고정되어 있다는 생각을 완전히 깨부수는 혁명적인 책이다. 톰 피터스가 말한 대로, 한마디로 '죽여주는 책' 이라는 견해에 전적으로 동감한다.

협상의 정석

맥스 베이저만·마가렛 닐

협상은 어렵다. 그렇지만 우리가 사는 것 자체가 협상의 연속이므로 피할 수 없다. 협상에 관련된 책이 한 두 권이 아니다. 그것만 봐도 협상이 얼마나 중요한지 알 수 있다. 이책 저책 읽어봐도 협상 실력은 그리 나아지는 것 같지 않다. 내가 지금 필요로 하는 내용과 맞지 않는 책들이 대부분이기 때문이다. 그런데 이 책은 조금 다르다. 수많은 협상 관련 책들 중에서 상당히 실용적이고 이해하기 쉬우며 빠른 시간 안에 터득할 수 있는 책이다. 당장 써먹을 수 있도록 구체적이고 현실적인 설명을 하고 있다. 협상 능력이 없으면 손해 보는 일을 피할 수 없다. 그러니 빨리 배우는 것이 좋다.

더 룰

앤드류 서터

오늘날 유태인의 숫자는 점점 줄고 있음에도 예술, 과학, 경제 분야에서 탁월한 성과를 거두는 유태인들의 비율은 점점 높아지고 있다. 전 세계 인구 중 0.2%에 불과한 그들이 노벨상의 30~40%, 세계 억만장자의 30%를 차지한다. 이와 같은 유태인들의 우수함을 모르는 사람은 없다. 그러나 그들의 교육, 문화, 철학에 대해 제대로 이해하고 있는 사람은 드물다. 유전자가 뛰어난 것이 아니라 뭔가 다른 시스템이 있고 우리도 그것을 배울 수 있다면 마다할 이유가 없지 않은가? 유태인인 저자가 유태인들의 진실을 자세히 들여다볼 수 있도록 매우 친절하게 안내하고 있다.

내 안의 나는 누구인가?

어려서부터 꿈꾸던 하나의 업, 책을 읽고 글을 쓰는 것에 어떤 가치를 담을 수 있는지 이제야 알 것 같다.

꽤 먼 길을 굽이굽이 돌아 내가 가야 할 길을 찾았다. 책에 대한 막연한 소망과 글쓰기에 대한 염원이 나의 업이 되어 다른 사람들에게 나름 삶의 목적을 이야기할 수 있게 된 것이다.

오랫동안 나의 역할이 무엇인지 자문했다. 나에게 주어진 역할을 깨닫기까지 여러 직업을 거쳤고, 한때는 죽음의 칼날이 몇 년 동안 나와 내 가족을 위협하기도 했다. 내가 견딜 수 있었던 단 하나의 힘은 나만 바라보고 있는 가족들이었다. 절대 고꾸라져서는 안 된다는 무언의 명령이 나를 버티게 해주었다.

그러나 가치 있는 삶에 대한 비전을 찾지 못했고, 겨우 목숨만 유지하는 것이 내가 할 수 있는 모든 것이라면 살아서 무엇 하랴 싶었다. 나의 사명, 목적, 그리고 역할은 무엇일까. 내 삶을 통째로 쏟아 부어도 후회하지 않을 수 있는 단 하나의 일이 무엇인지 간절히 알고 싶었다.

몇 해 전, 끝이 없을 것 같던 암흑 같은 여러 해를 보내고 어느 날 정신을 차려보니 내 나이가 벌써 마흔 고개를 눈앞에 두고 있었다. 내가 할 수 있는 일을 찾아야 했다. 아직 몸이 성치 않은 아내와 3명의 아이들, 그리고 70세가 훨씬 넘으신 부모님, 모두 나 하나만 쳐다보고 있었다. 그러나 나에게는 아무것도 없었다. 돈도 없고 취직을 하기에도 적은 나이가 아니었다.

20여 년 전 작가를 꿈꾸며 대입원서를 넣던 때부터 지금껏 살아온 시간들이 불과 며칠 전처럼 생생하게 눈앞에 펼쳐졌다. 시간이 이렇게도 빨리 지나가는구나, 앞으로의 20년은 더 빨리 지나갈 텐데 나는 무엇을 하며 마흔 고개를 넘어서야 할까? 마흔이라는 나이는 나에게 두려움이자 피하고 싶은 무거운 짐이었다.

그러던 어느 날 내가 할 수 있는 한 가지 일을 발견했다. 내 속에 무언가가 있었던 것이다. 그것은 바로 책읽기와 글쓰기에 대한 불씨였다. 그 불씨가 완전히 꺼지지 않고 아직도 내 속에서 여전히 존재하고 있음을 발견했다. '이것을 남에게 가르쳐야겠다!' 내가 수십 여 년 동안 해온 책읽기와 글쓰기 노하우를 가르치는 일은 내가 가장 잘할 수 있는 일이자 내 꿈을 담은 일이었다. 어린 초등학생이 나의 첫 수강생이었다. 그 어린 학생 한 명을 앉혀놓고 한 달 동안 가르쳤다. 그 후 나이를 불문하고 여러 계층의 사람들이 나에게 책읽기를 배우러 왔다.

그러기를 3년 여, 하루는 누군가 내게 책을 써보라고 권유를 했다. 그 한마디는 나에게 불을 지르는 말이었다. '그래, 아주 어려서부터 내 꿈은 작가였지. 내가 가르치고 말하고 싶은 것을 글로 쓰자.' 나는 그날로 책 쓰기 작업에 돌입했다. 새벽부터 밤늦게까지 책 쓰는 일에만 전념했다. 그리고 몇 개월 후 탈고를 했다.

그러나 무명작가 박성후의 원고를 어떤 출판사에서 받아줄 것인가? 무작정 원고를 출판사에 보내는 것이 유일한 방법이었다. 출판사 명부를 구해 내가 알고 있는 유명한 출판사부터 임의대로 200여 개의 목록을 만들었다. 일단 유명한 출판사 12곳에 일일이 전화를 걸어 담당자에게 원고 검토를 해달라고 요청했다.

어디라도 나를 알아줄 곳이 있을 거라는 어설픈 기대가 헛되지 않았는지 출판사 3곳에서 회신이 왔다. 원고가 좋으니 만나자는 것이었다. 설렘 속에 출판사와 계약을 했고, 몇 개월 후 정말 내 이름이 인쇄된 책이 나왔다. 이럴 수가! 오래 전부터 꾸었던 꿈이 '포커스 리딩'이라는 이름으로 세상에 나온 것이다. 간절히 바라면 반드시 이루어진다는 말이 사실이었구나! 어려서부터 품었던 꿈이 실현되었다.

그 후 내 삶은 완전히 바뀌었다. 하루도 빠짐없이 전화가 오고 이메 일이 쏟아졌다. 전국의 많은 독자들에게 잘 읽었다며 고맙다는 말을 수없이 들었다. 심지어 해외에서도 편지가 왔다.

그리고 놀랍게도 출간 3주째부터 《포커스 리딩》은 인문-출판 분야에서 베스트셀러 1위를 차지했다. 1위다! 그 다음 주에도 1위였다. 무려 14주 동안 연속으로 1위를 했다. 책이 출간되기 전날까지 내 이름이 인쇄된 책이 세상에 나온다는 사실이 믿기 어려워 마음을 졸였는데, 베스트셀러 1위라니! 개인적으로 너무나 어려운 시기에 쓴 첫 책이다. 이럴 수도 있는 거구나!

전국에서 다양한 계층의 많은 사람들이 '포커스 리딩'을 배웠다. 단지 책읽기만을 배우는 것이 아니라 자신의 인생에 대해 물어오는 사람들도 적지 않았다. 대체 내가 뭐기에? 길고 긴 어둠의 터널을 간신히 빠져나온 내가 언감생심 다른 사람들의 삶에 어떤 조언을 할 수 있단 말인가?

그런데 그게 아니었다. 청송교도소에서 인생을 거의 포기한 사람이 내 책을 읽고 희망을 발견했다고 도움을 요청하는 편지를 보내는가 하면, 고등검찰청에서 강연을 부탁하기도 했다. 이런 아이러니라니…….

한 권의 책으로 이 사회의 수많은 사람들과 소통을 하게 되었다. 나는 다니는 곳마다 "자신의 삶과 책읽기의 주제와 방향이 일치해야 한다"고 강조했다. 시간이 지나면서 사람들에게 책읽기를 이야기하는 나의 역할에 사람들의 삶에 적지 않은 영향을 미치는 공인으로서의 사명감이 수반되어야 한다는 사실을 깨달았다. 그 역할을 깨닫기까지 적지 않은 굴곡과 오랜 시간이 필요했던 것이다.

나는 누구인가? 내 안에 누가 있으며 어떤 역할을 통해 삶의 가치를 찾을 것인가? 책읽기를 이야기하는 것이 단순한 직업을 넘어 내 삶의 모든 것을 걸어야 하는 중차대한 가치가 담겨 있음을 알게 되었다. 많은 사람들의 삶을 책이라는 그릇에 담아 이야기하는 것이 내 역할이구나! 이 일은 나의 혼을 걸고 하지 않으면 그 많은 사람들을 배신하는 일임을 깨달았다.

나에게 이 일은 진정성을 가진 가치 있는 단 하나의 업인 것이다. 내가 깨달은 것과 그 과정을 다른 사람들과 이야기함으로써 그들도 자신의 삶을 온전히 투자할 수 있는 하나의 길을 찾을 수 있도록 용기와 불씨를 던지는 사람이 되어야 하는 것이다.

그렇다. 내 역할은 불씨다! 불씨를 다른 사람들에게 전해주고 그들 마음속에 활활 타오르는 불을 지피는 역할을 해야 하는 것이다. 내 안의 작은 불씨가 많은 사람들에게 진정성을 담아 전해질 때 내 삶도 가치가 있는 것이다. 얼마나 행복한 일인가. 그 행복이 내 속에 있음을 알았고, 내가 원하는 만큼 누릴 수 있음을 깨달았다. 그것이 나의 정체성이자 역할이다. 용기를 내어 나를 격려하는 다음과 같은 글을 쓰게 되었다.

나는 누구인가

나는 불이다.
내 안의 불씨를 통해
다른 사람의 삶에 열정의 불을 댕기고
새로운 출발을 할 수 있도록 길을 닦는다.

가치 있는 삶을 향한 열정으로
모든 쭉정이를 불태우고
빛나는 정금이 되기 위해 부단히 단련한다.

—불씨 박성후

나의 역할이 분명해졌다. 나 스스로 불씨임을 자청하고 불씨로서 살아가기로 한 것이다. 이 역할을 찾아내기 위해 지금까지 수십 년 동안 헤매고 다닌 것이다. 지금까지의 모든 과정은 앞으로 해야 할 일들을 더 잘하기 위한 훈련이자 배움이었다.

"왜 책을 읽나요?"라는 질문은 "왜 사나요?"와 같은 것이고, "어떻게 책을 읽어야 하나요?"는 "어떻게 살아야 하나요?"와 같은 질문이다. 분명한 것은 스스로 어떤 삶을 살고 싶은지를 결정하는 것이 책읽기의 출발이어야 한다. 내 안의 나는 누구인가? 당신에게는 어떤 역할이 주어져 있을까? 아무도 그것을 알 수 없다. 스스로 찾아내야 한다.